volume 2

Casa de Oração

LANCE LAMBERT

volume 2

O LUGAR DA PALAVRA NA ORAÇÃO CORPORATIVA

Casa de Oração

série contemporâneos

© 2012 Editora dos Clássicos
Publicado no Brasil com a devida autorização
e todos os direitos reservados por Publicações Pão Diário
em coedição com Editora dos Clássicos.

Traduzido do original em inglês:
My House Shall Be A House of Prayer, de Lance Lambert
Copyright © 2011 Christian Testimony Ministry
Richmond, Virginia (EUA)

Edição: Gerson Lima
Tradução: Helio Kirchheim
Revisão: Paulo César de Oliveira, Harold Walker, Christopher Walker
Coordenação editorial: Gerson Lima
Diagramação: Editora Tribo da Ilha
Capa: Wesley Mendonça

Dados Internacionais de Catalogação na Publicação (CIP)

LAMBERT, Lance.
Casa de Oração – Volume 2: O Lugar da Palavra na Oração Corporativa
Tradução: Helio Kirchheim
Curitiba/PR, Publicações Pão Diário e São Paulo/SP, Editora dos Clássicos.

1. Oração   2. Espírito Santo   3. Vida cristã

Proibida a reprodução total ou parcial, sem prévia autorização, por escrito, da editora.
Todos os direitos reservados e protegidos pela Lei 9.610, de 19/02/1998.
Permissão para reprodução: permissao@paodiario.com

Publicações Pão Diário
Caixa Postal 4190,
82501-970 Curitiba/PR, Brasil
publicacoes@paodiario.org
www.publicacoespaodiario.com.br
Telefone: (41) 3257-4028

Editora dos Clássicos
www.editoradosclassicos.com.br
contato@editoradosclassicos.com.br
Telefones: (19) 3217-7089
(19) 3389-1368

Código: VX747
ISBN: 978-65-5350-012-9

1.ª impressão: 2021

Impresso no Brasil

SUMÁRIO

Apresentação do Volume 2, 7

Capítulo 5
Vigiar e Orar, 9
Capítulo 6
A Manifestação do Espírito, 47
Capítulo 7
O Lugar da Palavra na Oração Corporativa, 75

Os textos das referências bíblicas foram extraídos da versão Almeida Revista e Atualizada, 2ª edição (Sociedade Bíblica do Brasil), salvo quando houver outra indicação.

Quando não houver outra indicação, as notas de rodapé e os acréscimos entre colchetes são da edição brasileira.

APRESENTAÇÃO DO VOLUME 2

Neste volume Lance Lambert revela qual é o lugar da Palavra na oração corporativa[1]. Ele esclarece de forma equilibrada o que é e como usarmos a espada do Espírito e as armas da nossa guerra.

Conheça também princípios claros sobre como entender e acompanhar a manifestação do Espírito Santo em Suas diferentes operações e entenda o real significado do que é "vigiar e orar" como Igreja.

---

[1] Em toda a obra o termo "oração corporativa" significa a oração da Igreja como Corpo de Cristo, tendo o mesmo sentido de "oração coletiva".

Os prefácios da *Série Contemporâneos* e desta obra e a pequena biografia *Sobre o Autor* encontram-se no volume 1. Que ao estudarmos essas preciosas lições da escola da oração Seu Espírito nos edifique como Sua casa de oração.

Os Editores
09 de maio de 2013
Monte Mor, SP

CASA DE ORAÇÃO

CAPÍTULO **5**

VIGIAR E ORAR

Mateus 26.41 — Vigiai e orai, para que não entreis em tentação; o espírito, na verdade, está pronto, mas a carne é fraca. *Marcos 13.33-37* — Estai de sobreaviso, vigiai e orai; porque não sabeis quando será o tempo. É como um homem que, ausentando-se do país, deixa a sua casa, dá autoridade aos seus servos, a cada um a sua obrigação, e ao porteiro ordena que vigie. Vigiai, pois, porque não sabeis quando virá o dono da casa: se à tarde, se à meia-noite, se ao cantar do galo, se pela manhã; para que, vindo ele inesperadamente, não vos ache dormindo. O que, porém, vos digo, digo a todos: vigiai! *Lucas 21.34-36* — Acautelai-vos por vós mesmos, para que nunca vos suceda que o vosso coração fique sobrecarregado com as consequências da orgia, da embriaguez e das preocupações deste mundo, e para que aquele dia não venha sobre

vós repentinamente, como um laço. Pois há de sobrevir a todos os que vivem sobre a face de toda a terra. Vigiai, pois, a todo tempo, orando, para que possais escapar de todas estas coisas que têm de suceder e estar em pé na presença do Filho do Homem.

Efésios 6.18 – ...com toda oração e súplica, orando em todo tempo no Espírito e para isto vigiando com toda perseverança e súplica por todos os santos...

Há muita gente que aprende a orar, mas há poucos que aprendem a vigiar. Nosso Senhor Jesus disse: "Estai de sobreaviso, *vigiai* e orai... *Vigiai,* pois... O que, porém, vos digo, digo a todos: *vigiai!*" (Mc 13.33, 35, 37). E novamente: "*Vigiai,* pois, a todo tempo, orando, para que possais escapar de todas estas coisas que têm de suceder e estar em pé na presença do Filho do Homem" (Lc 21.36). O apóstolo Paulo também nos encoraja a vigiar: "...com toda oração e súplica, orando em todo tempo no Espírito e para isto *vigiando* com toda perseverança e súplica por todos os santos..." (Ef 6.18 – ênfases acrescentadas).

Deveria ser suficiente, para levar-nos a considerar seriamente esse assunto, o fato de o Senhor Jesus nos haver alertado para "estar de sobreaviso, vigiar e orar". Como também as palavras registradas por Lucas: "Vigiai, pois, a todo tempo, orando...". Paulo intensifica o sentido dessas palavras ao acrescentar: "... orando em todo tempo no Espírito e para isto vigiando...". São apenas uns poucos exemplos em que recebemos a ordem de não apenas orar, mas também vigiar. Devemos prestar muita atenção a essa ênfase. Na verdade, há pelo menos vinte referências bíblicas a respeito de *vigiar* no Novo Testamento; nem todas, é claro, estão relacionadas com a oração.

O SENHOR NOS ENSINA A VIGIAR E ORAR

O Senhor disse aos Seus discípulos que vigiassem e orassem para não entrarem em tentação, e então acrescentou: "... o espírito, na verdade, está pronto, mas a carne é fraca". O que teria acontecido se os discípulos não tivessem apenas ouvido as palavras, mas entendido o que Ele queria dizer com elas, e em obediência tivessem agido de acordo? O momento do teste deles – a tentação de transigir e mesmo negá-lO – estava ali, às portas. O Senhor Jesus havia ensinado aos discípulos a oração-modelo: "... e não nos deixes cair em tentação; mas livra-nos do mal". É mais fácil entender a palavra grega traduzida tantas vezes como *tentação* quando usamos a palavra "testar". O teste mais severo da vida deles estava ali perto, mas eles não estavam cientes disso. Todos falharam nesse teste, até mesmo João.

Com a Sua tremenda percepção a respeito deles, o Senhor Jesus tentou alertá-los. Ele conhecia a estrutura deles e sabia que eram pó. Ele sabia que o espírito deles estava pronto, mas a carne era fraca. Ele sabia tudo a respeito deles; tanto a vida como a personalidade de cada um eram um livro aberto para Ele. Se tivessem de fato ouvido, teriam entendido o sentido das palavras d'Ele. No Getsêmani, o Senhor Jesus também Se deparou com o teste mais severo de toda a Sua vida terrena, e, na Sua humanidade, quando mais precisou do apoio, da comunhão e do conforto deles, caíram no sono. Nem mesmo uma hora puderam vigiar com Ele.

Como tudo isso fala conosco! Ninguém de nós passaria por tempos de derrota e falhas se tivéssemos aprendido a *vigiar* e orar. Em vez disso, tantas vezes nos encontramos no meio de crises e conflitos profundos, antes mesmo de estarmos conscientes deles; e nessa hora entramos em pânico, assim como ficaram os discípulos. Foi nessa crise que eles foram tentados a transigir, a desistir, a perder a fé e até mesmo a negar a Cristo.

O apóstolo Paulo descreve esse tipo de ocasião como *o dia mau*. Em um dia desses parece que Satanás está no comando; tudo é escuro e demoníaco, e o Senhor aparentemente não está em lugar nenhum que se possa achar. Acontece conosco como com os discípulos que estavam no barco, e Jesus, naquela ocasião, recusara-Se a entrar no barco com eles. Veio uma grande tormenta, e eles temiam pela própria vida, mas Jesus parecia não estar em lugar nenhum! Quando Ele apareceu, foi no meio dos vagalhões da tormenta, andando por sobre a água. Para os discípulos, Ele parecia um fantasma, e não o Senhor! Esse é o poder das trevas num "dia mau" – Jesus parece um fantasma, uma aparição e não uma realidade!

O fato é que o Senhor Jesus queria ensinar-lhes como andar num mar revoltoso – como andar com Ele no meio das tempestades da vida.

O QUE É VIGIAR?

Se vigiar é tão importante do ponto de vista estratégico da oração, precisamos fazer uma pergunta: o que é vigiar? A palavra grega traduzida como *vigiar* significa simplesmente "permanecer acordado e alerta". Conseguimos compreender melhor o sentido dessa palavra se compreendermos o seu oposto – ser espiritualmente descuidado, sonolento ou relaxado e meio adormecido. A palavra hebraica *shomer* também significa "tomar conta, guardar, proteger" e acrescenta um sentido extra à palavra *vigiar*.

OS VIGIAS QUE ELE PROCURA

Por essa razão, a junção da palavra *vigiar* com orar nos dá a ideia de segurança e proteção. Em nosso ministério de oração, devemos vigiar pelos interesses do Senhor e proteger os Seus direitos. Nesta parte do mundo[2], os vigias são muitas vezes velhos e decrépitos. A presença

---

[2] Provavelmente em Israel, onde o autor vive.

deles em alguma propriedade tem o propósito de servir como intimidação. Mas na verdade eles talvez sejam meio cegos e surdos, e não têm mais muito músculo. Dessa forma, quando ouvimos que o Senhor colocou *vigias sobre os muros de Jerusalém* (Is 62.6-7), talvez pensemos que deviam ser pessoas aposentadas e bem velhas; só esse tipo de gente se candidata a vigia! Toda a nossa compreensão desse assunto de vigiar se transformará ao vermos os guardas como "guardas de segurança". Um guarda de segurança precisa ser uma pessoa sadia, com muita força e músculos, de boa visão e audição aguçada. Os candidatos que o Senhor está procurando não estão em alguma casa de repouso de pessoas idosas e aposentadas, como se vigiar e orar fosse apenas para os velhos de cabelos brancos, quando já não podem fazer outra coisa! Os candidatos do Senhor precisam ser crentes espiritualmente sadios e fortes, de qualquer idade – velhos ou jovens; mesmo os bem idosos e de cabelos brancos! Eles precisam ter boa visão e boa audição espiritual e têm de ser capazes de vigiar para que se cumpra a vontade de Deus em qualquer situação. Lembre-se das palavras do apóstolo Paulo: "Sede vigilantes, permanecei firmes na fé, portai-vos varonilmente, fortalecei-vos" (1 Co 16.13).

PREVENIR-SE CONTRA OS AGENTES SATÂNICOS

É muito interessante notar que, na vigilância do Novo Testamento, muitas vezes se faz advertência contra ladrões, ou assaltantes, ou saqueadores. Todos eles simbolizam forças espirituais ou agentes satânicos que saem para saquear e destruir a vida do crente, o testemunho de famílias crentes, a edificação da verdadeira Igreja de Deus e a saúde da obra de Deus. Eles são seres espirituais que o apóstolo Paulo define como principados, poderes, dominadores deste mundo tenebroso, forças espirituais do mal, nas regiões celestes.

Lucas registrou as palavras de nosso Senhor Jesus: "Bem-aventurados aqueles servos a quem o senhor, quando vier, os encontre *vigilantes*... Sabei, porém, isto: se o pai de família soubesse a que hora havia de vir o ladrão, *vigiaria* e não deixaria arrombar a sua casa. Ficai também vós apercebidos, porque, à hora em que não cuidais, o Filho do Homem virá" (Lc 12.37, 39, 40 – ênfase acrescentada).

O apóstolo Paulo também escreve da mesma forma: "... pois vós mesmos estais inteirados com precisão de que o Dia do Senhor vem como ladrão de noite. Quando andarem dizendo: Paz e segurança, eis que lhes sobrevirá repentina destruição, como vêm as dores de parto à que está para dar à luz; e de nenhum modo escaparão. Mas vós, irmãos, não estais em trevas, para que esse Dia como ladrão vos apanhe de surpresa; porquanto vós todos sois filhos da luz e filhos do dia; nós não somos da noite, nem das trevas. Assim, pois, não durmamos como os demais; pelo contrário, *vigiemos* e sejamos sóbrios (1 Ts 5.2-6 – ênfase acrescentada). É interessante notar que uma série de textos bíblicos, por um lado, refere-se a *Satanás e suas hostes* vindo como ladrões, saqueadores e destruidores; e outros textos, por outro lado, referem-se à *vinda do Senhor* como ladrão de noite, da mesma forma que os textos anteriores o fazem. A chave do assunto é estar preparado para o Senhor e também prevenir-se contra os agentes e truques satânicos. O apóstolo Pedro também nos adverte: "Sede sóbrios e vigilantes. O diabo, vosso adversário, anda em derredor, como leão que ruge procurando alguém para devorar" (1 Pe 5.8).

UM EXEMPLO DE COMO FICAR ACORDADO E ALERTA

Certa ocasião, uma empresa alemã planejou abrir uma rede de *sex shops* na Inglaterra e pensava abrir a primeira loja em Richmond. Todos nós da comunidade de crentes tínhamos conhecimento de que esse tipo de loja estava se tornando um problema no país todo e estávamos alertas a toda situação. Estávamos orando contra essa possibilidade e atentos ao primeiro sinal dos acontecimentos. Não havia dúvida em nossa mente de que os poderes das trevas usavam esse tipo de loja para corromper, prejudicar e arruinar as pessoas. Tínhamos visto o efeito e dano que isso havia causado em alguns dos nossos companheiros salvos que tinham feito uso desses produtos.

Certo dia, um irmão da comunidade veio a Halford House e nos disse que a loja de fato tinha sido instalada do outro lado da estação de trem de Richmond. Decidimos, como comunidade, gastar alguns dias em oração. Foram momentos maravilhosos de oração corporativa, e o Espírito Santo nos deu várias promessas na Palavra de Deus. Firmamos os pés nessas promessas, em nome do Senhor, para destruir essa *sex shop*.

Na última noite de oração, todos nós sentimos que o Senhor tinha ouvido nossa oração e começamos a louvá-lO. Eu estava totalmente extasiado com a agitação de tudo aquilo e resumi todo o nosso tempo de oração assim: "Oh, Senhor, colocamos uma bomba debaixo dessa *sex shop* e a mandamos pelos ares!".

Na manhã seguinte, Margaret Trickey, que cuida da Halford House, entrou rindo de tal forma que, por um longo tempo, não conseguia nos dizer o que ela achava tão engraçado. Finalmente, apoiando-se na verga da porta, conseguiu dizer: "A *sex shop*, a *sex shop*". Eu disse: "Margaret, você com certeza não foi à *sex shop*, foi?". Ela respondeu: "Não", e por fim conseguiu dizer: "A loja de produtos pornográficos! Ela foi pelos ares!".

Aí foi minha vez de ficar preocupado: pensei que a polícia estivesse chegando para conversar conosco. Já me imaginei na frente deles: "Sr. Lambert, o senhor tem algum motivo para suspeitar que um membro da sua congregação colocou uma bomba nessa loja?". Eu diria: "É claro que não, nem em sonho passaria em nossa cabeça fazer algo tão fora da lei como isso!". Contudo, lembrei-me de que em nossa comunidade havia alguns rapazes que tinham ficha na polícia, embora fossem crentes agora. Se a polícia interrogasse um deles, a resposta seria: "Não, não conheço ninguém da congregação que colocaria uma bomba na *sex shop*, mas quando o nosso líder orou, ontem, ele disse: 'Senhor, nós colocamos uma bomba nessa *sex shop* e a mandamos pelos ares'". Eu me via tentando explicar ao juiz qual era o sentido daquelas minhas palavras.

Mas a verdade era diferente. Margaret tinha ido a uma loja vizinha e descobriu que estavam bastante nervosos com o que havia acontecido. Eles disseram que o sistema de calefação a gás da *sex shop* havia explodido e tinha destruído o prédio. Esse foi o fim daquela *sex shop*! Nós tínhamos ficado alertas sobre o assunto e procuramos tratar com ele em oração, e o Senhor agiu em nosso favor.

VIGIAS QUE ESTÃO PRONTOS, ESPIRITUALMENTE ALERTAS, E ATIVOS

A necessidade de vigiar e não apenas orar tem muito a ver com estar ciente dos acontecimentos que anteciparão a vinda do Senhor. Por diversas vezes o próprio Senhor nos alerta que podemos ser colhidos de surpresa pela Sua vinda. Para aqueles que não vigiam, Ele virá como um ladrão de noite, súbita e inesperadamente. O Senhor Jesus declara, como registrado por João, em Apocalipse 16.15: "Eis que venho como vem o ladrão.

Bem-aventurado aquele que vigia e guarda as suas vestes, para que não ande nu, e não se veja a sua vergonha". Os ladrões não têm por hábito telefonar para suas vítimas avisando a sua chegada. Eles não mandam um cartão de visitas com a data e hora da sua chegada; eles vêm furtiva e inesperadamente.

Muitos anos atrás, minha mãe e meu padrasto viajaram por alguns dias, e uma tia veio cuidar de minha irmã e de mim. Por volta das duas da manhã, minha tia entrou no meu quarto e disse: "Lance, levante rápido; a avenida inteira está cheia de policiais, cães da polícia e carros pretos da polícia. Eles estão examinando o quintal de várias casas. A Teresa e eu estamos tentando ver qual dos vizinhos foi roubado".

Eu rapidamente me levantei e corri para o outro quarto. Ali, minha irmã e minha tia inclinavam-se pela janela, observando avidamente tudo o que acontecia. Minha tia pensava que certo vizinho é que tinha sido roubado; mas minha irmã contestou: "Esse vizinho tem um pastor alemão enorme, muito bravo". De repente, minha tia disse: "Ah, estou com sede; vou descer à cozinha e fazer um café", com isso desaparecendo escada abaixo. Um momento depois, ouvimos um grito tão horripilante que teria sido capaz de ressuscitar os mortos no cemitério que ficava a mais de um quilômetro de distância, no outro lado do rio. Menos de um minuto depois, como um foguete lançado de Cabo Canaveral, ela subiu as escadas, aterrissando lá em cima, lívida e tremendo: "O ladrão, o ladrão", ela balbuciou. "Ele está na nossa cozinha." Minha irmã perguntou: "Ele disse alguma coisa?". "Sim, ele disse: 'Boa noite, senhora'." "Bem, o que é que ele estava fazendo?", eu perguntei. "Ele estava comendo uma sobremesa", respondeu minha tia.

Constatou-se que ele era um ladrão famoso. Ele tinha assaltado treze casas aquela noite, e a polícia ainda não tinha conseguido pegá-lo. Demorou um ano para que conseguissem apanhá-lo. Ele saiu da nossa cozinha da mesma forma que tinha entrado, por uma pequena janela na despensa. Todos nós estávamos conversando sobre quem o ladrão estava visitando – e na realidade ele estava em nossa própria casa! Isso ilustra como é possível crer que outros serão surpreendidos pela vinda do Senhor como um ladrão, quando na verdade quem pode ser surpreendido somos nós mesmos!

De fato, não teremos desculpa se formos pegos de surpresa pela vinda do Senhor. Temos extensos trechos da Palavra de Deus que descrevem com acurada precisão as condições e os eventos que culminarão na Sua volta. Se cremos em um arrebatamento daqueles que estão prontos, como eu creio, então precisamos não apenas orar, mas também vigiar. Se prestarmos atenção ao que está acontecendo em nossas nações, ou por todo o mundo, o Espírito de Deus nos alertará e nos preparará para estarmos prontos. O Senhor Jesus nos alerta com estas palavras: "Vigiai, pois, a todo tempo, orando, para que possais escapar de todas estas coisas que têm de suceder e estar em pé na presença do Filho do Homem" (Lc 21.36). Temos de vigiar o tempo todo, investigando cuidadosamente, suplicando que o Senhor nos mantenha acordados e alertas. Aos que vigiarem e estiverem espiritualmente ativos e alertas o Espírito Santo dará uma "compreensão dos tempos". Ele disse também: "Haverá sinais no sol, na lua e nas estrelas; sobre a terra, angústia entre as nações em perplexidade por causa do bramido do mar e das ondas; haverá homens que desmaiarão de terror e pela expectativa das coisas que sobrevirão ao mundo; pois os poderes dos céus serão abalados. Então, se verá o Filho do Homem vindo numa nuvem, com poder e grande glória. Ora, ao começarem estas coisas a suceder, exultai e erguei a vossa cabeça; porque a vossa redenção se aproxima" (Lc 21.25-28). Essas palavras de nosso Senhor me parecem muito importantes e oportunas. Estamos vendo o começo do seu cumprimento? Se for assim, não basta orar apenas, mas precisamos vigiar e estar prontos!

VIGIAS DE MENTE SÓBRIA E EQUILIBRADA

Nós não precisamos vigiar apenas eventos de âmbito mundial, que anunciam a Sua volta, mas enquanto temos tempo precisamos crescer na graça e no conhecimento de nosso Senhor Jesus Cristo, e por meio dessa graça nos tornarmos vencedores. É digno de nota que recebemos a ordem de sermos sóbrios e vigilantes: "Por isso, cingindo o vosso entendimento, sede sóbrios e esperai inteiramente na graça que vos está sendo trazida na revelação de Jesus Cristo" (1 Pe 1.13). E novamente: "Sede sóbrios e vigilantes..." (1 Pe 5.8). Além disso, o apóstolo Paulo escreve: "Assim, pois, não durmamos como os demais; pelo contrário, vigiemos e sejamos sóbrios... Nós, porém, que somos do dia, sejamos sóbrios..." (1 Ts 5.6, 8). Alguns crentes que estão vendo esses fatos começando a ocorrer passam dos limites e são tudo, menos sóbrios! Quando vigiamos, precisamos de uma mente equilibrada e sadia. Alguns de nós se tornam profetas malucos, que acabam desmerecendo a palavra profética de Deus por meio das nossas tolices ininteligíveis. Alguns anos atrás, um irmão escreveu um livro chamado "88 razões por que o Senhor está voltando no Festival das Trombetas [Rosh Hashanah, o ano-novo judeu] em setembro de 1988". Por todo lugar que eu ia, os cristãos me perguntavam a respeito desse livreto, e eu lhes dizia que entrassem em contato comigo em outubro de 1988. Fiquei grandemente surpreso com alguns que me perguntaram a respeito do livro, pois eram crentes que de fato conheciam a Bíblia. Então, nos últimos meses de 1988, surgiu a notícia de que o irmão percebera que tinha errado na sua predição por causa de um erro de cálculo que cometera. Ele, então, tornou a escrever outro livreto chamado "89 razões por que o Senhor está voltando na Festa das Trombetas de setembro de 1989". Depois disso não ouvimos nada mais a respeito dele. A verdade é simples, e deveria nos guardar de cometer esse tipo de erro. O próprio Senhor nos disse claramente que não saberíamos o dia ou a hora do Seu retorno: "Mas a respeito daquele dia ou da hora ninguém sabe; nem os anjos no céu, nem o Filho, senão o Pai" (Mc 13.32). Daí, então, a vital importância e necessidade de estarmos prontos!

Precisamos de uma mente sóbria e sadia, ao mesmo tempo que estamos atentos ao cumprimento dessas coisas — terremotos, tsunamis, erupções vulcânicas, enchentes imensas, grandes incêndios e mudanças de clima, com a possibilidade de escassez e fome. A isso tudo temos de acrescentar dificuldades econômicas, instabilidade financeira e a crescente intranquilidade em muitas nações. Todos esses eventos têm o efeito de empolgar e perturbar alguns crentes, tanto que a mente deles se torna desequilibrada. À medida que vigiamos, precisamos de uma mente sóbria e sadia, para sermos capazes de contemplar esses assuntos com uma mente tranquila. Na verdade, recebemos a ordem de erguer a cabeça, e quando o Messias disse isso Ele estava Se referindo à maneira que os judeus adoravam e oravam. Com fé viva, devemos adorar e orar porque nossa redenção se aproxima.

VIGIAR E ORAR PELA SAÚDE EEDIFICAÇÃO DA IGREJA

O Senhor Jesus declarou clara e dogmaticamente: "... sobre esta pedra edificarei a minha igreja, e as portas do inferno não prevalecerão contra ela" (Mt 16.18). É extraordinária a história da Igreja que o Messias está edificando. Toda vez que as portas do inferno aparentemente haviam prevalecido contra a edificação da Sua Igreja, Ele executou uma nova iniciativa por meio do Espírito Santo. Essa é a história da Igreja verdadeira e peregrina. O fato de Ele ter falado das chaves do reino tem grande significado. As chaves representam autoridade. Com as chaves você abre e fecha. O Senhor Jesus antecipou essa declaração com as seguintes palavras: "... tu és Pedro [que significa, em grego, Petros, ou seja "uma pedrinha ou um seixo"]. Mas "... sobre esta pedra (Petra, ou seja, "o maciço rochoso ou o fundamento") edificarei a minha igreja". Pedro foi sempre um homem de ação. Ele queria fazer as coisas; infelizmente, era a sua carne que operava tão poderosamente. Ele estava sempre abrindo a boca e metendo os pés pelas mãos! Temos vários exemplos disso nos evangelhos. É impressionante que sobre a Rocha que é o Messias Jesus Ele edifica a Sua Igreja e usa "Pedros" e faz deles pedras vivas na Casa de Deus!

Contudo, a graça de Deus vai muito mais além do que isso. O Senhor Jesus diz: "Dar-te-ei as chaves do reino dos céus; o que ligares na terra terá sido ligado nos céus; e o que desligares na terra terá sido desligado nos céus" (Mt 16.19). Como o primeiro apóstolo, Pedro representa os membros do corpo de Cristo. Como é maravilhoso que Deus pôde separar um homem, um homem tremendamente ativo, mas carnal, e fazer dele não apenas parte da Sua construção, mas dar-lhe as chaves do reino dos céus. Temos de reparar que não são pessoas que são ligadas (amarradas) ou desligadas (desamarradas). A expressão "o que" (= aquilo que) é neutra, por isso não se refere a pessoas. São as circunstâncias que são ligadas ou desligadas, não as pessoas! Os dois verbos traduzidos como "ligar" e "desligar" estão no futuro do subjuntivo. Ajuda-nos a entender o que o Senhor estava dizendo se traduzirmos a Sua declaração da seguinte forma[3]: "Qualquer coisa que vocês amarrarem na Terra terá sido amarrada no céu, e qualquer coisa que vocês desamarrarem na Terra, terá sido desamarrada no céu". Como crentes nascidos de novo, somos chamados não apenas para orar para que se faça a vontade de Deus, mas também para observar a execução dela.

Em outras palavras, a Igreja não pode amarrar aquilo que o trono de Deus não amarrou nem desamarrar aquilo que Ele não desamarrou. No entanto, a Igreja tem uma divina responsabilidade, uma autoridade delegada por Deus, o Pai, para vigiar e orar, e não apenas vigiar, mas de tempos em tempos agir em nome do Senhor. Talvez fosse muito diferente a história da Igreja se nós crentes tivéssemos entendido isso. Quando as coisas começaram a piorar, e a apostasia começou a se manifestar, se apenas tivesse havido aqueles que, em oração corporativa,

---

[3] A dificuldade é maior na língua inglesa; no português, a tradução já está clara.

tivessem usado as chaves do reino dos céus para desamarrar a vida e o poder da ressurreição, e amarrar os poderes das trevas, então a história da Igreja poderia ter sido diferente e com certeza mais gloriosa.

O apóstolo Paulo era uma ilustração viva disso, em seu discurso de despedida à Igreja em Éfeso. Ele disse: "Atendei por vós e por todo o rebanho sobre o qual o Espírito Santo vos constituiu bispos, para pastoreardes a igreja de Deus, a qual ele comprou com o seu próprio sangue. Eu sei que, depois da minha partida, entre vós penetrarão lobos vorazes, que não pouparão o rebanho. E que, dentre vós mesmos, se levantarão homens falando coisas pervertidas para arrastar os discípulos atrás deles. Portanto, *vigiai*, lembrando-vos de que, por três anos, noite e dia, não cessei de admoestar, com lágrimas, a cada um" (At 20.28-31 – ênfase acrescentada).

Por que precisamos vigiar em oração pela edificação, o progresso e a saúde da Igreja? Pela simples razão de que as portas do inferno nunca param de tentar destruir a obra de edificação do Senhor Jesus. Desde o início, quando o Espírito Santo deu origem à Igreja, Satanás procura destruir toda nova iniciativa do Senhor Jesus. Em poucas gerações depois desse mover inicial do Espírito Santo, ela começou a deteriorar, a estagnar, a cristalizar e a tornar-se um sistema humano. Aquilo que aconteceu na igreja em Éfeso é um quadro daquilo que sempre aconteceu na sua história. A comida espiritual boa e saudável que a Igreja recebeu no início de cada grande mover do

Espírito de Deus gradualmente se transformou num caldo aguado e turvo, de muito pouco valor real (veja Hebreus 5.12-14). Dessa forma, a Igreja tornou-se espiritualmente anêmica e adoentada. Em algumas gerações, ela já havia se afastado quase inteiramente do seu fundamento e curso originais. Assim como aconteceu em Éfeso, *lobos vorazes* de fora se infiltraram e destruíram o avanço e a edificação da Igreja, e homens dentre eles começaram a ensinar coisas deturpadas que produziram confusão, divisão e paralisia.

Tudo isso nos lembra da grande necessidade não apenas de orar, mas também de vigiar. Se esses membros do corpo de Cristo em Éfeso apenas tivessem vigiado, eles teriam descoberto que aquilo que lhes era oferecido não era mais todo o conselho de Deus, mas um evangelho aguado, diluído. Eles teriam reconhecido os lobos vorazes em pele de ovelha, que se infiltraram com a filosofia, a sabedoria e a metodologia do mundo, e estariam atentos aos homens que passaram a ensinar "coisas deturpadas" e trouxeram confusão e heresias.

A VIGILÂNCIA E A OBRA DO SENHOR

A obra do evangelho é uma obra de Deus imensamente importante. Não temos o direito de contestar ou tornar sem efeito o mandamento do Senhor, de ir e pregar o evangelho a toda criatura, quer isso signifique ficar em casa e evangelizar perto de onde moramos ou ir até os confins da Terra. O Senhor Jesus, antes da Grande Comissão, disse o seguinte: "Toda a autoridade me foi dada no céu e na terra". Essa é uma afirmação extraordinária. O Pai Lhe concedeu toda a autoridade no céu e nesta Terra decaída e dominada pelo diabo. Depois, Ele prosseguiu dizendo: "Ide, portanto, fazei discípulos de todas as nações, batizando-os em nome do Pai, e do Filho, e do Espírito Santo; ensinando-os a guardar todas as coisas que vos tenho ordenado. E eis que estou convosco todos os dias até à consumação do século" (Mt 28.18-20).

Repare na palavra *portanto*. É porque toda a autoridade no céu e nesta Terra decaída foi colocada em Suas mãos que Ele nos ordena a ir e fazer discípulos de todas as nações. Essa comissão diz respeito a nós porque Ele é todo-poderoso. O mandamento de *ir* é reforçado pelas palavras com que Ele termina a comissão: "E eis que estou convosco todos os dias até à consumação do século". Em outras palavras, Ele não está nos jogando num mundo de trevas e mal, no qual o diabo parece ter sempre o controle, para ali fazermos o melhor que pudermos com nossos próprios recursos e esperteza. Pelo contrário, é porque Jesus tem toda a autoridade e poder nas mãos que Ele nos envia com todos os recursos do trono de Deus. Não é pouca coisa podermos contar com todos os Seus recursos, a Sua autoridade e poder. A promessa é simples e clara: se obedecemos ao Seu mandamento, Ele sempre estará conosco até o fim dos séculos.

DENNIS CLARK E A CONFERÊNCIA BIENAL DE LÍDERES INTERCESSORES

Dennis Clark, precioso irmão já falecido, costumava dirigir uma reunião de oração para líderes intercessores a cada dois anos em algum lugar do mundo. Havia mais de 42 movimentos de oração em países diferentes, espalhados por todo o globo terrestre. Quando esses líderes intercessores se reuniam, as reuniões que tínhamos eram poderosas. Eram reuniões não simplesmente para comunhão íntima, mas de intercessão por assuntos internacionais e por nações específicas. Durantes as reuniões de intercessão, o Senhor muitas vezes nos iluminou a mente a respeito de assuntos internacionais e sobre problemas que certas nações estavam enfrentando.

Pessoalmente, descobri que essas reuniões a cada dois anos eram momentos em que o próprio Senhor concedia inteligência vinda do Seu trono. Quando eu ouvia as orações dos meus companheiros intercessores, aprendia mais a respeito da condição espiritual de regiões inteiras do mundo, bem como da situação de nações específicas. Para mim não era apenas a oração, mas a vigilância que era tão benéfica.

TRABALHADORES NA OBRA DO SENHOR

Temos aqui dois lados vitalmente importantes desse assunto. Um é a obra do Senhor, que não apenas inclui a obra do evangelho, mas também a fundação e a edificação da Igreja. O outro lado diz respeito aos trabalhadores, os servos do Senhor, que são chamados para o Seu trabalho. É óbvio que se os obreiros têm caráter pouco espiritual, e experiência apenas superficial com o Senhor, a obra sofrerá e poderá até morrer. O apóstolo Paulo escreve: "... ninguém pode lançar outro fundamento, além do que foi posto, o qual é Jesus Cristo". Depois ele escreve sobre edificar sobre esse fundamento *ouro, prata, pedras preciosas, madeira, feno, palha* (veja 1 Coríntios 3.10-15). Há uma enorme diferença entre o ouro, prata e pedras preciosas da vida do Senhor Jesus, e a madeira, feno e palha de nossa vida própria. Ele antecede aquilo que precisa dizer aqui com as seguintes palavras: "Porque de Deus somos *cooperadores*" (1 Co 3.9).

Temos aqui dois tipos de trabalho: o trabalho *do* Senhor e o trabalho *para* o Senhor. O trabalho do Senhor é aquele para o qual Ele nos chama, e que é feito sob o Seu comando e direção. Ele promete suprir tudo o que o obreiro necessita nesse trabalho. O segundo é o trabalho para o Senhor, que é o trabalho executado por nosso próprio esforço, sabedoria, conhecimento e força. Precisamos, então, que o Senhor nos apoie, nos dê suporte e nos abençoe. O primeiro tipo de trabalho gera ouro, prata e pedras preciosas – os tesouros da natureza e da vida de Cristo. O segundo tipo é madeira, feno e palha, que pode parecer muito bonito, esplêndido, e mesmo impressionante, mas se encontra em dimensão totalmente diferente.

A CASA DE HÓSPEDES VIP EM MANILA

Vários anos atrás, em Manila, capital das Filipinas, alguns amigos crentes me levaram para ver a casa de hóspedes VIP daquele que tinha sido o presidente das Filipinas, que foi construída por sua esposa. Era um lugar bonito e impressionante. Por dentro, tudo era feito de palmeira. Eu mal podia acreditar que se pudesse fazer tanta coisa da palmeira! No entanto, era tudo de madeira, feno e palha, embora fosse bonito e de bom gosto! Há muitos trabalhos cristãos que são parecidos com a casa de hóspedes VIP que Imelda Marcos construiu. Por fora, parece maravilhoso, mas é tudo obra da esperteza e da energia humanas.

FAZER DISCÍPULOS DE TODAS AS NAÇÕES

A comissão não se refere apenas a pregar o evangelho, por mais vital e importante que isso seja, mas a fazer discípulos de todas as nações. Fazer de um pecador salvo um discípulo de Jesus é obra do Espírito Santo. Nós que obedecemos ao Seu mandamento de "ir" somos os escravos do Senhor. Nós somos chamados para ser os meios e os instrumentos pelos quais o Espírito Santo faz esses discípulos. Se o Espírito de Deus não tem conseguido produzir um caráter espiritual em nós, será impossível que Ele nos use para fazer discípulos.

O CARÁTER ESPIRITUAL É ESSENCIAL NOS OBREIROS

Precisamos orar pelos obreiros no trabalho de Deus, para que Ele produza caráter espiritual neles, levando-os a crescer de tal forma que se tornem exemplos àqueles que eles conduzem ao Senhor. Com vigilância, precisamos orar para que esses obreiros tenham experiência profunda e viva com o Senhor. É interessante notar que quando o Senhor fala com a igreja em Laodiceia, Ele diz: "Aconselho-te que de mim compres ouro refinado pelo fogo para te enriqueceres..." (Ap 3.18). Se não há ouro em nosso caráter espiritual, como haveremos de usá-lo na edificação da obra de Deus? Se nosso entendimento do Senhor está longe de "todo o conselho de Deus", como haveremos de ensinar aos outros a guardar *todas* as coisas que Ele nos ordenou? Precisamos do ouro, da prata e das pedras preciosas da Sua vida e natureza em nós, se queremos que nossa pregação e ensino produzam discipulado verdadeiro.

A história da Igreja nos ensina que se nosso ministério de liderança, pregação e ensino da Palavra não vem de profunda e rica experiência com o Senhor, será pura madeira, feno e palha. O Senhor Jesus nos disse que *comprássemos* ouro d'Ele. Uma vez que esse ouro nos é dado pela graça de Deus, qual é o preço? É profunda e rica experiência com Ele. Nós que somos obreiros da seara de Deus precisamos vigiar e orar. Precisamos estar cientes de que nosso Senhor não está interessado em uma mera aparência externa. Se estamos na obra de Deus, em vez de estarmos simplesmente trabalhando para o Senhor, o próprio Senhor providenciará que passemos por crises e experiências em que o Seu caráter será formado em nós.

SITUAÇÕES E DIFICULDADES IMPOSSÍVEIS QUE SE APRESENTAM NA OBRA DO SENHOR

Finalmente, a respeito desse assunto da obra do Senhor nós precisamos vigiar e orar. Há situações em países que, humanamente falando, tornam impossível o progresso e o avanço da Sua obra! Não há somente situações públicas que criam problemas gigantescos, mas também situações locais. Como obreiros, somos chamados a reconhecer que, embora essas situações sejam humanamente insolúveis, com Ele não há nada que não possa ser vencido e executado. Para Deus não há nada impossível! Essas situações – internacionais, nacionais ou locais –, por maiores que sejam, podem tornar-se, por Deus, em situações de fácil solução. Contudo, o alvo dos poderes das trevas é sempre o mesmo. É frustrar, paralisar e destruir o avanço da obra do Senhor. Precisamos aprender não apenas a orar, mas a vigiar e dar-nos conta, pelo Espírito de Deus, de onde reside o problema e como devemos lidar com ele.

Quando por fim se repassa toda a história, parece-me que descobrimos que todo avanço genuíno do evangelho durante os últimos dois mil anos esteve envolvido com aqueles que vigiaram e oraram. Da mesma forma, nos grandes movimentos do Espírito de Deus na história da Igreja houve aqueles que vigiaram e oraram. Nesses tempos de renovação pelo Espírito é que ocorreram os grandes avanços e a edificação da Igreja.

O SENHOR ABRE PORTA EM PAÍSES QUE ESTAVAM FECHADOS PARA O EVANGELHO

Nepal

Alguns anos atrás parecia impossível pregar o evangelho no Nepal. O país estava inteiramente fechado a qualquer trabalho cristão. Contudo, o Senhor havia chamado duas irmãs para pregarem o evangelho no Nepal, a Dra. O'Hanlon e Lucy Steele. Uma vez que era humanamente impossível entrar ali, elas viveram por um tempo no sopé do Himalaia, perto da fronteira do Nepal. Elas tinham certeza de que haviam sido chamadas pelo Senhor. Eu me lembro de quando chegou um telegrama ao pequeno grupo que orava por essa nação, do qual eu fazia parte, dizendo que havia acontecido um milagre, e elas receberam permissão de entrar no Nepal no dia seguinte. A partir desse milagre, e de muitos outros, estabeleceu-se a obra do Senhor no Nepal. Aquele pequeno grupo de oração era formado, na minha avaliação de adolescente, de gente muito velha — cabelos grisalhos e cabelos brancos. Eu ia à reunião de oração todas as semanas, mas os outros jovens pensavam que eu estava doido e perdia meu tempo. "Por que você perde uma noite inteira com esses fósseis velhos?", diziam eles. Eu respondia que estávamos orando para que o reino do Nepal se abrisse ao evangelho. "Isso não vai acontecer nunca", diziam eles, "nem daqui a mil anos". Contudo, isso aconteceu, e eu estava muito animado de haver participado daquelas reuniões de oração. É claro, deve ter havido muitos outros grupos orando pelo Nepal, mas eu me sentia parte da abertura daquela nação fechada. Isso é um exemplo de vigiar e orar.

Afeganistão

Outra história brilhante que lembro bem é a de Ellen Rasmussen. Eu a conheci na Dinamarca quando ela estava com oitenta anos. Ela me contou que, quando era uma menina de dezoito anos, o Senhor lhe disse que fosse ao Afeganistão. No entanto, o problema era que o Afeganistão estava totalmente fechado a qualquer trabalho cristão. Ela se deparou com uma impossibilidade. Ela sentiu que o Senhor queria que ela fosse ao noroeste da Índia, para uma região fronteiriça ao Afeganistão, que agora se chama Paquistão. Por todos esses anos ela serviu ao Senhor naquela área, crendo firmemente que Ele honraria a Sua palavra para com ela. A missão em que ela servia ao Senhor estabelecia uma condição clara de que, quando seus obreiros chegassem aos 65 anos, precisavam aposentar-se. Ellen Rasmussen sentiu que não podia voltar à Dinamarca sem executar a comissão que o Senhor lhe dera. Assim, ela alugou um quarto naquela região e prosseguiu no seu trabalho de vigiar e orar, continuando a interceder pelo Afeganistão. Quando atingiu os oitenta anos, certo dia um homem bateu na porta da sua casa. Ao atender, ali estava um homem vestido à moda afegã, sem dúvida nenhuma da classe governante. Ele disse: "Você é Ellen Rasmussen?". "Sim", ela replicou, "sou eu". "Você é enfermeira especialista em problemas de visão?" "Sim, sou." Então ele disse: "Venho da parte do rei do Afeganistão para saber se você pode ir a Cabul para medicar o príncipe herdeiro, que está com problemas nos olhos". Dessa forma, quando completou oitenta anos, Ellen Rasmussen viu o Senhor completar o chamado original que ela recebera. Como resultado da sua ida, ela pôde falar ao rei sobre trazer um médico especialista em oftalmologia. O doutor missionário que veio a pedido do rei teve liberdade de pregar o evangelho. Como resultado, surgiu um grupo de crentes no Afeganistão. É interessante notar que Ellen teve de aguentar pacientemente vários anos de serviço no nordeste da Índia antes que se completasse seu chamado. Não há impossíveis para Deus!

A VIGILÂNCIA E O CRESCIMENTO ESPIRITUAL DOS CRENTES

Há mais um assunto que preciso tratar antes de concluir este capítulo. Há uma imensa necessidade de intercessão pelos crentes, para que cresçam no Senhor. Ele não está interessado em milhões de bebês espirituais. Não há nada mais bonito do que um bebê, quando saudável e bem-formado, mas quando ele não cresce, sabemos que alguma coisa está errada. O reino de Deus, no qual nascemos pela obra do Espírito de Deus, infelizmente está cheio de bebês espirituais que têm dez, vinte, trinta ou cinquenta anos no Senhor, mas permanecem imaturos e atrasados no crescimento. Eles há muito já deveriam ter crescido e deixado os brinquedos, as chupetas e as coisas de criança, ou o egoísmo da criança de dez anos. Eles deveriam ter se tornado bons soldados do Senhor Jesus.

O apóstolo Paulo, escrevendo aos gálatas, disse: "Meus filhinhos, por quem de novo sinto as dores de parto, até que Cristo seja formado em vós" (Gl 4.19 – ARC). Conybeare e Hawson traduzem esse texto da seguinte forma: "Meu filhos amados, de novo eu sinto as dores de parto por vocês, até que Cristo seja plenamente formado em vocês". O apóstolo usa uma palavra grega que fala da agonia ou esforço do parto. Ela descreve sua experiência espiritual quando orava por eles. Não é a descrição de algumas poucas e fáceis palavras em oração, mas uma condição na qual algo está sendo parido. É por meio de dores de parto e sofrimento espiritual. Repare bem que ele usa a palavra "filhinhos" e também a expressão "de novo". Em outras palavras, algum tempo atrás ele tinha sofrido para que eles nascessem espiritualmente. Agora ele ora para que Cristo seja plenamente formado neles.

Raramente se encontra esse tipo de ministério de oração em nossos dias. Não é apenas pelo nascimento espiritual dos pecadores, mas também pela formação da plenitude de Cristo no crente, seu crescimento até a plena estatura. Essa é outra dimensão de vigiar e orar. É por falta disso que a Igreja está repleta de bebês espirituais. O tipo de cristianismo egoísta a que já nos acostumamos centra-se em nossa ou em minha satisfação, em satisfazer nossas ou minhas necessidades. Queremos saber o que podemos obter do Senhor, em vez de querermos saber o que podemos dar-Lhe no serviço. Nesse tipo de cristianismo, quem pensará em dar a vida por Ele, ou ir aos confins da Terra por Ele, ou mesmo viver em condições sem conforto ou prazer a fim de servi-lO? Esse tipo de evangelho não é bem-vindo em nosso cristianismo moderno.

É claro, não estou dizendo que nossas necessidades não precisam ser supridas ou que não devemos estar espiritualmente satisfeitos. Contudo, ficar apenas nisso não é o evangelho que nosso Senhor Jesus pregou. Se queremos crescer espiritualmente, crescer até a plena estatura de Cristo, se queremos crescer para sermos soldados de Cristo, precisamos ouvir obedientemente as palavras d'Ele: "Se alguém quer vir após mim, a si mesmo se negue [desista de todo e qualquer direito a respeito de si mesmo], tome a sua cruz e siga-me. Quem quiser, pois, salvar a sua vida perdê-la-á; e quem perder a vida por causa de mim e do evangelho salvá-la-á" (Mc 8.34-35).

Com esse tipo de cristianismo não acharemos nunca crentes que, chamados por Deus, se darão a si mesmos a Ele e receberão do Espírito Santo encargos para o pleno crescimento espiritual de outros filhos de Deus mais novos. Esses encargos trarão consigo uma espécie de dor de parto. Como muitos de nós são gratos por crentes mais velhos que, quando fomos salvos, sem que tivéssemos conhecimento do assunto, sofreram as dores de parto por trás dos bastidores. Eles sofreram para que fôssemos guardados dos poderes das trevas, da sedução do mundo e para que experimentássemos um crescimento até a plena maturidade.

Não é somente da oração trabalhosa de parto que precisamos, mas também de uma vigilância perceptiva e amorosa. Os bebês espirituais não precisam de legalismo áspero e impessoal, nem de uma atitude ou espírito críticos, mas de cuidado amoroso. Não há muitos obreiros cristãos que se abrem ao Espírito Santo para esse tipo de encargo ser formado dentro deles. O Senhor mostrou esse tipo de cuidado amoroso em favor de Pedro. Com certeza, Ele tinha vigiado e mesmo intercedido por ele: "Simão, Simão, eis que Satanás vos reclamou para vos peneirar como trigo! Eu, porém, roguei por ti, para que a tua fé não desfaleça; tu, pois, quando te converteres, fortalece os teus irmãos" (Lc 22.31-32). Por causa da intercessão de Jesus, o Senhor obteve o trigo, e Satanás ficou apenas com as cascas! Esse é o tipo de intercessão que surge quando se vigia e ora. Pela falta desse tipo de intercessão é que temos tantos bebês na Igreja de Deus. Esse ministério de dores de parto será sempre bem sucedido, uma vez que foi concebido pelo Espírito Santo. Ele partiu do Senhor Jesus entronizado, por meio do Espírito Santo, manifestando-se em crentes dispostos e comprometidos. Ele terminará no trono de Deus. "Os que com lágrimas semeiam com júbilo ceifarão. Quem sai andando e chorando, enquanto semeia, voltará com júbilo, trazendo os seus feixes" (Sl 126.5-6).

O CONDE ZINZENDORF E OS IRMÃOS MORÁVIOS

Quando Nicholas, o conde Zinzendorf, foi salvo ainda jovem, começou a ser escrito um dos capítulos mais brilhantes da história da Igreja e da obra de Deus. Ele foi a um museu, onde viu um quadro de Cristo crucificado. A pintura lhe chamou tanto a atenção, que ficou parado diante dela por mais de uma hora sem se mexer. Por baixo da pintura estavam as palavras: "Tudo isto Eu fiz por ti; o que fazes tu por Mim?". O Espírito Santo fez essas palavras queimarem no coração de Zinzendorf. Ali mesmo ele entregou a vida e todo o seu ser ao Senhor; rendeu sua vontade a Deus. O Senhor gerou nele o tipo de caráter espiritual que haveria de influenciar os líderes do movimento morávio e muitos outros. Ele usou seu castelo e o Estado que governava como um santuário para crentes perseguidos naquela área da Europa Central; todos daquelas regiões vizinhas vinham refugiar-se nele.

Quando o Espírito Santo desceu sobre eles, o movimento se espalhou por todo o mundo. A reunião de oração que durou cem anos teve início, e foram enviados obreiros aos lugares mais difíceis da face da Terra. O caráter espiritual que o Espírito Santo produziu no conde Zinzendorf se reproduziu em várias outras pessoas. Para conseguirem alcançar os escravos, os obreiros fizeram-se escravos; para conseguirem alcançar os leprosos, os obreiros contraíram lepra, alegremente, para conseguirem chegar aos leprosos. O total comprometimento da liderança e dos obreiros ao Senhor Jesus nesse movimento do Espírito de Deus tornou-se proverbial. Eles foram a todos os lugares aonde era impossível ir e que tantos outros obreiros cristãos evitavam. Para eles, não havia sacrifício grande demais ou difícil demais.

JOÃO WESLEY

Foi em uma pequena reunião em Fetter Lane, em Londres, que João Wesley, um missionário frustrado, voltou-se ao Senhor. A primeira vez que ele entrou em contato com os morávios foi no navio que o levou às colônias da América do Norte. Ele não conhecia o Senhor, mas estava indo pregar o evangelho aos índios peles-vermelhas! No meio do Atlântico, uma enorme tempestade atingiu o navio e parecia que ele ia naufragar. Os marinheiros se apavoraram; João Wesley também. Ele estava no porão de carga do navio quando achou que tinha ouvido alguém cantando. Admirou-se e pensou que já estava no céu. Dirigindo-se para o lugar de onde vinha a música, lentamente abriu a porta e, para sua surpresa, viu que a sala toda estava cheia de morávios. Havia crianças sentadas no colo dos adultos e bebês sendo embalados nos braços, e todos estavam em perfeita paz. Ele maravilhou-se e pensou consigo mesmo: "Eu gostaria de ter a fé deste povo". Depois de esgotar-se tentando salvar os índios peles-vermelhas, ele retornou à Inglaterra como um fracassado. Ele escreveu no seu diário: "Eu vim salvar os peles-vermelhas, mas, ó Deus, e eu? Quem pode me salvar?".

Nessa pequena reunião em Fetter Lane, um pregador morávio estava lendo o prefácio de um dos livros de Martinho Lutero. À medida que ele lia, John Wesley sentiu um estranho calor no coração: o Senhor o havia salvado. Esse foi o começo do grande despertamento evangélico nas ilhas britânicas. O caráter espiritual do conde Zinzendorf e os crentes morávios contagiaram João Wesley. A partir do momento em que foi salvo, ele consagrou-se totalmente ao Senhor Jesus. São memoráveis seus esforços por todas as ilhas britânicas e pelas colônias da América do Norte. Aos 94 anos de idade ele ainda pregava umas quatro vezes por dia, viajando em lombo de cavalo sob todo tipo de clima da Inglaterra. Ele era um sacrifício vivo. Quando Wesley partiu para o Senhor, o rei George III, que não era crente, decretou três dias de luto. John Wesley, por decreto real, foi enterrado na abadia de Westminster. Não há ninguém que consiga calcular a enorme influência dos irmãos Wesley e do conde Zinzendorf na edificação da Igreja e no progresso da obra de Deus. A única coisa que sabemos é que, por meio deles, incontáveis milhares de pessoas tiveram uma experiência de salvação com o Senhor Jesus.

AS TRÊS IRMÃS MORÁVIAS QUE SERVIRAM AO SENHOR NAS MONTANHAS DE SAMARIA

Muitos anos atrás eu visitei as irmãs que dirigem o Lar Evangélico para Meninas, em Ramallah. Gladys Roberts, que conviveu com Rees Howells durante a Segunda Grande Guerra nas reuniões de oração em Gales, contou-me a respeito de três irmãs morávias que viviam nas montanhas de Samaria. Elas viviam e serviam em um pequeno grupo de construções brancas que facilmente passavam despercebidas aos que andavam por ali. Todas elas estavam com setenta ou oitenta anos e não tinham nenhum amparo da parte dos morávios, nem comunhão com eles, devido ao comunismo do leste europeu. Elas cuidavam de alguns leprosos cuja doença se encontrava em estágio avançado. Elas tinham de levá-los ao banheiro, dar banho neles, alimentá-los e cuidar deles. Gladys perguntou-me se eu gostaria de visitá-las. "Essa visita vai significar muito para elas", ela me disse. Para mim, era uma experiência muito emocionante encontrar essas frágeis santas idosas. Ninguém as conhecia, nada havia sequer sido escrito a respeito delas, mas elas continuavam servindo ao Senhor no serviço a esses leprosos. Elas os serviram como se estivessem servindo ao Senhor Jesus. Mesmo depois de tantos séculos, elas ainda mantinham o mesmo caráter espiritual do conde Zinzendorf. Elas eram totalmente devotadas ao Senhor Jesus e comprometidas com Ele. Ele era a sua vida, e elas eram sacrifícios vivos para Ele.

Há um hino, de autoria de Carlos Wesley, que resume o tipo de caráter espiritual que está por trás da verdadeira vigilância e oração. Se vamos servir ao Senhor, é absolutamente essencial o crescimento desse caráter. Esse hino com certeza descreve o segredo que está no centro do serviço do conde Zinzendorf e dos antigos morávios, e de João e Carlos Wesley e dos antigos metodistas. Na verdade, esse segredo está no centro do serviço de todos aqueles que têm seguido o Senhor de todo o coração desde o início até nossos dias.

> Ó Tu que vieste do alto
> Para repartir o puro fogo celestial,
> Acende uma santa chama de amor
> No pobre altar do meu coração.
>
> Ali faze-a queimar para Tua glória
> Com inextinguível ardor;
> E que, tremendo, à sua fonte se volte,
> Em humilde prece e fervente louvor.

Jesus, fortalece o desejo do meu coração
De trabalhar, e falar, e pensar por Ti;
Faze-me guardar o santo fogo,
E aviva Teu dom em mim.

Pronto para Tua vontade perfeita,
Meus atos de fé e amor repete,
Até que a morte Tuas infindas misericórdias sele,
E faças perfeito o sacrifício.

DEFININDO CERTAS PRIORIDADES

Primeira: É preciso haver uma entrega total e ininterrupta ao Senhor Jesus. Se não estamos entregues a Ele, não é possível o Espírito de Deus produzir em nós um caráter espiritual. Ele precisa ser o início e o fim de nossa vida e de nosso serviço. No final das contas, é uma experiência constante, viva e nova com Ele que determina tudo.

Segunda: O trabalhador é muito mais importante do que a obra que ele faz. Se o Senhor não puder fazer uma obra no trabalhador, a sua obra será rasa e superficial. Essa é a razão por que é tão importante o assunto do caráter espiritual. A diferença, por um lado, é ouro, prata e pedras preciosas daquilo que Ele opera em nós; por outro lado, a madeira, feno e palha de nossa vida própria.

Terceira: A maior parte de nossos problemas se encontra em nossa vontade. Render nossa vontade completamente ao Espírito Santo não é tarefa pequena nem fácil, mas é essa entrega que abre a porta para uma nova dimensão de vida espiritual, novo poder e nova experiência.

Quarta: O objetivo do evangelho é que apresentemos nosso corpo como sacrifício vivo, que é nosso culto e serviço racionais (veja Romanos 12.1). Todo verdadeiro caráter espiritual e serviço provêm disso.

Quinta: Sem essas quatro qualidades é impossível ser guiado de forma consistente e contínua pelo Espírito Santo. "Pois todos os que são guiados pelo Espírito de Deus são filhos de Deus" (Rm 8.14). Note que não são os bebês que são guiados pelo Espírito, mas aqueles em quem ocorreu algum crescimento espiritual, naqueles que têm certo desenvolvimento.

Por último: Toda a questão de vigiar e orar mostra-se nessas qualidades! Sem uma entrega total e uma dedicação para ser conformado à imagem de Cristo, sem uma rendição de nossa vontade ao Espírito de Deus – que resulta em uma prontidão de ser um sacrifício vivo –, sem uma progressiva experiência de ser dirigido por Ele não é possível uma verdadeira vigilância e oração.

CAPÍTULO **6**

A MANIFESTAÇÃO DO ESPÍRITO

1 Coríntios 12.4-11 – Ora, os dons são diversos, mas o Espírito é o mesmo. E também há diversidade nos serviços, mas o Senhor é o mesmo. E há diversidade nas realizações, mas o mesmo Deus é quem opera tudo em todos. A manifestação do Espírito é concedida a cada um visando a um fim proveitoso. Porque a um é dada, mediante o Espírito, a palavra da sabedoria; e a outro, segundo o mesmo Espírito, a palavra do conhecimento; a outro, no mesmo Espírito, a fé; e a outro, no mesmo Espírito, dons de curar; a outro, operações de milagres; a outro, profecia; a outro, discernimento de espíritos; a um, variedade de línguas; e a outro, capacidade para interpretá-las. Mas um só e o mesmo Espírito realiza todas estas coisas, distribuindo-as, como lhe apraz, a cada um, individualmente.

Romanos 8.26-27 — Também o Espírito, semelhantemente, nos assiste em nossa fraqueza; porque não sabemos orar como convém, mas o mesmo Espírito intercede por nós sobremaneira, com gemidos inexprimíveis. E aquele que sonda os corações sabe qual é a mente do Espírito, porque segundo a vontade de Deus é que ele intercede pelos santos.

A MANIFESTAÇÃO DO ESPÍRITO

Toda oração corporativa verdadeira e genuína é a manifestação da presença do Espírito Santo. A palavra grega traduzida como *manifestação* significa literalmente "tornar visível, ou observável; tornar conhecido ou tornar claro". Essencialmente, a palavra traz a ideia de desvendar, ou de revelar, ou de mostrar um assunto. Quando entendemos isso, começamos a compreender o real sentido da manifestação do Espírito. O Espírito Santo revela a mente e a vontade do Cabeça – manifestando Seu encargo e interesse. O propósito do Espírito é capacitar-nos, por meio das armas espirituais com que nos supre, a alcançar um bom resultado ou participarmos ativamente de alguma situação quando for necessário. Às vezes, na oração, só entendemos vagamente qual é a mente do Senhor a respeito de determinado assunto, porque Sua mente não nos é nítida. Contudo, a manifestação do Espírito nos concede clareza cristalina quando estamos orando corporativamente. Às vezes precisamos apenas saber aquilo que estamos enfrentando; pode ser que sintamos todo tipo de movimento no ambiente. Pode ser um peso, ou um ataque violento dos poderes das trevas, ou pode ser algo diferente; mas não estamos certos de que tipo de coisa se trata. Outras vezes não temos certeza sobre o alvo e propósito do Senhor em alguma situação específica.

É expressão da graça de Deus quando há uma manifestação do Espírito, por meio da qual recebemos revelação da mente do Senhor. Se o Senhor Jesus foi constituído Cabeça sobre todas as coisas para a Igreja, então parece espiritualmente lógico esperar que Ele torne conhecido de forma prática como devemos orar e proceder. A importância estratégica da manifestação do Espírito é que ela nos faz descobrir, ela nos revela o coração de Deus. A Palavra nos diz que essa manifestação do Espírito é *para benefício comum* (Almeida Século XXI). O Espírito de Deus Se manifesta para o proveito do corpo todo. É interessante notar que a *manifestação do Espírito é concedida a cada um*. Na verdade isso é o corpo de Cristo em ação, ou seja, os membros do Seu corpo funcionando como devem funcionar. Além do mais, se nossas orações devem produzir algum efeito, por meio do Espírito Santo, precisamos estar em harmonia, estar juntos, ou seja, precisamos "estar de acordo" uns com os outros. É assim que a reunião de oração corporativa se torna um termômetro para a saúde de uma congregação ou uma comunidade. Se não sabemos como andar juntos, não passamos de um grupo de indivíduos salvos por Sua graça, mas que desconhecem o funcionamento do Seu corpo.

Somos encorajados pelo apóstolo Paulo: *com toda oração e súplica, orando em todo tempo no Espírito.* Como já explicamos no capítulo quatro, só conseguimos a experiência de "orar no Espírito" quando estamos sob a direção soberana e debaixo do poder capacitador do Espírito Santo (veja Efésios 6.18). É uma dimensão espiritual na qual entramos; é o Seu encargo que se forma dentro de nós; é Ele quem nos impele, nos dirige e nos capacita a orar. Isso significa que estamos sob a unção do Espírito e dentro da unção d'Ele. Também é Ele quem nos harmoniza uns com os outros e nos capacita a não só entender qual é a vontade de Deus, mas também a ver a Sua vontade sendo cumprida nesta Terra decaída. A oração corporativa, portanto, encontra-se na esfera e na dimensão do Espírito de Deus. Se isso é verdade, então é forçoso que haja momentos em que o Espírito Santo Se manifeste de formas bastante definidas.

OS DONS DO ESPÍRITO

Os dons do Espírito são o equipamento, as ferramentas e as armas com as quais podemos executar a obra. Embora esses dons se apliquem muito mais do que só à oração corporativa, eles são estratégicos e vitais para esse tipo de oração, se desejamos a direção correta e eficiente do Senhor. Ninguém tentaria consertar um automóvel com um pincel, nem tentaria pintar uma casa com um alicate. Precisamos usar as ferramentas corretas! Seria apavorante se alguém estivesse na mesa de operação, com problema de apendicite, e o cirurgião viesse com um serrote de podar árvores e um martelo de madeira. Se o paciente perguntasse: "Por que o senhor está com esse serrote e esse martelo?", ficaria horrorizado se ouvisse esta resposta: "O martelo de madeira é para desacordar você; já o serrote é para abrir sua barriga!". Qualquer um saberia que ele não estava munido com o equipamento apropriado! Quando temos o equipamento apropriado, ou as armas corretas para a reunião de oração, podemos executar correta e eficientemente a obra que o Senhor quer que façamos.

O Espírito Santo Se manifesta de várias maneiras. Na oração corporativa Ele usa uma série de dons que manifesta entre nós. Pelo Espírito Santo, Paulo, na verdade, escreve a respeito de nove dons: "Porque a um é dada, mediante o Espírito, a palavra da sabedoria; e a outro, segundo o mesmo Espírito, a palavra do conhecimento; a outro, no mesmo Espírito, a fé; e a outro, no mesmo Espírito, dons de curar; a outro, operações de milagres; a outro, profecia; a outro, discernimento de espíritos; a um, variedade de línguas; e a outro, capacidade para interpretá-las" (1 Co 12.8-10). Todos esses dons são concedidos para proveito do corpo todo – para edificá-lo, para fazê-lo funcionar e para a sua saúde espiritual. Alguns desses dons são úteis de forma especial na oração corporativa. Vamos considerar alguns deles.

A palavra de conhecimento

Por exemplo, na oração corporativa, uma palavra de conhecimento pode ser a chave para desvendar muita coisa. É o esclarecimento dos fatos em qualquer situação, problema, circunstância ou ataque satânico. Conhecer esses fatos é pelo menos meio caminho andado para a vitória. Muitas vezes estamos completamente confusos a respeito de determinadas situações com que se depara uma comunidade ou assembleia, ou que confrontam a obra do Senhor, e não conseguimos progredir de forma alguma. A razão é que desconhecemos os fatos. Conhecê-los em qualquer situação pode ajudar-nos imensamente, mas esse conhecimento ainda não é a resolução dos problemas.

A palavra de sabedoria

Uma palavra de sabedoria pode alterar todo o ambiente de uma reunião de oração corporativa. A manifestação do Espírito em uma palavra de sabedoria nos concede entendimento de como *manejar* os fatos. Isso significa que já andamos três quartos do caminho em direção à vitória. Simplesmente conhecermos os fatos de qualquer situação ou problema não significa que saibamos como agir em oração. Saber como manejar esses fatos significa que podemos avançar com grande confiança no Senhor e testemunhar o cumprimento de nossas orações.

No começo da guerra do Yom Kipur em Israel, em 1973, um grupo de crentes que moravam em Jerusalém se reuniu para interceder. A guerra estava em uma situação duvidosa. O assunto que pesava no coração do ministro da defesa de Israel, Moshe Dayan, e do chefe do Estado--Maior, David Elazar, era que o reino da Jordânia possivelmente se uniria à Síria e ao Egito para atacar Israel. De todos os nossos vizinhos, a Jordânia é quem tinha a fronteira mais extensa com Israel. Nós estávamos orando com grande intensidade e determinação, quando o coronel Orde Dobbie interrompeu nossas orações dizendo: "Por favor, vocês podem julgar isto? Três vezes eu vi a mesma cena: grandes nuvens descendo e fazendo desaparecer as montanhas de Moabe [hoje as montanhas de Moabe estão na Jordânia]. Eu não entendo, mas será que isso não tem alguma coisa a ver com nossas orações?". Orde Dobbie não era um homem que se deixava dirigir por emoções e vinha de uma família de militares, a qual, por muitas gerações, tinha servido no exército inglês. Todos começamos a orar para que o Senhor nos mostrasse se isso vinha da parte d'Ele e o que significava. De repente, um dos presentes disse: "Será que não deveríamos orar para que a Jordânia seja confundida pelo Senhor, para não entrarem nesta guerra?". Se a Jordânia tivesse entrado no conflito, com certeza isso teria favorecido a guerra para os árabes. Todos nós sentimos que devíamos orar daquela maneira e o fizemos com grande fervor. De fato, o Reino Hashemita da Jordânia não se envolveu em momento nenhum na guerra do Yom Kipur, razão por que foi violentamente criticado pela Síria, pelo Egito e por outros países árabes.

Mais ou menos um mês depois, eu estava com minha mãe em Richmond, Inglaterra, quando a ouvi me chamando e dizendo: "Lance, desça aqui rápido. O rei Hussein está sendo entrevistado na televisão". Eu desci a tempo de ouvir o entrevistador dizendo: "Mas, majestade, o senhor deve estar ciente de que todos os países árabes à sua volta o estão criticando por não ter entrado nessa guerra". O rei Hussein respondeu: "Nós tínhamos decidido entrar na guerra, mas de repente ficamos muito embaraçados porque não tínhamos cobertura aérea suficiente, por isso decidimos que não podíamos entrar nesse conflito".

Essa é uma boa ilustração do Espírito Santo manifestando uma palavra de conhecimento e então uma palavra de sabedoria, e assim nos dirigindo a todos em oração, com um perfeito resultado.

O dom da fé

Quando o Espírito Santo Se manifesta em um dom de fé, e ele é expresso, isso pode fazer toda a diferença entre derrota e falha ou vitória. Muitas vezes, na oração corporativa, a expressão da fé concedida por Deus é algo que significa a ruptura das linhas inimigas e a obtenção da vitória. Há muitas ocasiões em que isso ocorre. Depois de muita oração, às vezes oração por longos períodos, de repente um filho de Deus expressa com os lábios a fé, a certeza de que o Senhor já ouviu e atendeu. Quase imediatamente, há um testemunho em outros irmãos de que isso é verdade; e o tempo de oração muda de fervoroso clamor e súplica, ou guerra espiritual, para louvor e adoração.

Em uma reunião de oração em Jerusalém, quando estávamos orando a respeito de uma situação espinhosa e complicada, que parecia dura como ferro, alguns irmãos expressaram sua fé de que tínhamos sido ouvidos e que o Senhor haveria de agir. Começamos, então, a louvar e agradecer ao Senhor. Um dos irmãos pegou um shofar grande e velho, que estava pendurado na parede, e o entregou a outro irmão que sabia soprá-lo de forma apropriada. Quando ele tocou o shofar, o som ressoou no espírito de todos os presentes e nos conduziu a outro nível. Nas semanas seguintes vimos a execução da resposta daquelas orações e adoramos o Senhor.

O discernimento de espíritos

Em muitas situações que surgem na oração corporativa há alguns problemas bastante complexos. Nas ocasiões em que não se encontra solução para um problema, e a situação é anormalmente complexa, na maioria dos casos isso é sinal de que há influência satânica. Às vezes é mais do que uma influência; é um cativeiro que parece indestrutível; um obstáculo que não há como remover. É nesses casos que é vital a manifestação do Espírito por meio do dom de discernimento ou distinção de espíritos. Sempre que existe um controle demoníaco no problema, ele não pode ser subjugado nem mudado até que identifiquemos e saibamos que espécie de espírito está envolvido. A Palavra de Deus é absolutamente clara a esse respeito: "... para que, por sua morte, destruísse aquele que tem o poder da morte, a saber, o diabo, e livrasse todos que..." (Hb 2.14b, 15a). A obra consumada do Messias significa a vitória total sobre todas as obras do diabo envolvidas em situações, problemas ou em pessoas. Uma vez que sabemos o que estamos enfrentando nos problemas, podemos posicionar-nos firmemente na obra consumada do Messias e ver como são quebrados o domínio e a influência demoníacos sobre eles.

A profecia

Muitas vezes situações internacionais, nacionais ou mesmo locais parecem obscuras e confusas, e não conseguimos entender nada do que está acontecendo. Quando o Espírito Santo Se manifesta em declaração profética, é como se incidisse uma luz sobre a situação. É claro, precisamos testar toda declaração profética por meio da Palavra de Deus e pelo testemunho interior de nosso espírito. Contudo, quando de fato provém de Deus, ela pode ser um farol iluminando o caminho em que devemos orar. O teste infalível para saber se a profecia é genuína ou não é ver se aquilo que foi declarado se cumpre.

A PROFECIA DE DAVID WILKERSON

Alguns anos atrás, o Espírito Santo usou David Wilkerson para alertar os Estados Unidos a respeito dos graves problemas e juízos que viriam da parte de Deus contra aquela nação. Essa declaração profética ainda não se cumpriu plenamente. O início do cumprimento foi o dia onze de setembro de 2001, mas ainda há muita coisa por vir. Contudo, a declaração profética que o Senhor deu a ele deveria ter sido suficiente para mobilizar e estimular guerreiros de oração nos Estados Unidos, que intercedessem em favor da sua nação. Em um sentido muito real, a profecia de David Wilkerson é uma luz a iluminar o caminho em que devemos orar pelos Estados Unidos. É evidente que a América do Norte está em uma descida desenfreada, e há juízos muito mais sérios a caminho. Eu comparo os Estados Unidos ao Titanic, que, embora parecesse impossível de afundar, estava indo de encontro a um *iceberg*, com todas as luzes acesas e todas as bandas tocando animadamente. Ele afundou em bem pouco tempo. Em 1998, David Wilkerson publicou um livro chamado *God's Plan to Protect His People in the Coming Depression*. Era uma palavra profética, que começou a cumprir-se em 2008. Esse tipo de declaração ou escrito profético é uma luz em nosso caminho para sabermos como orar e interceder.

A CONFERÊNCIA PROFÉTICA DE ABRIL DE 1986 NO MONTE CARMELO E EM JERUSALÉM

Em abril de 1986 houve uma conferência profética para líderes cristãos no monte Carmelo; a reunião final ocorreu em Jerusalém. Houve uma declaração profética de que o Senhor haveria de julgar a União Soviética e o Kremlin por tudo que tinham feito. Citarei apenas uma parte do que foi dito: "Daqui a não muitos dias, virá sobre o mundo um tempo de mudanças drásticas e confusão. Não temam; sou Eu, o Senhor, que estou abalando todas as coisas. Eu comecei esse abalo com a Primeira Guerra Mundial, e aumentei o abalo com a Segunda Guerra Mundial. Desde 1973, aumentei ainda mais o ímpeto. No último estágio, completarei essa obra com o abalo do próprio universo, com sinais no sol, na lua e nas estrelas. Mas antes que chegue esse ponto, Eu julgarei as nações, e o tempo está próximo. Não será apenas por meio da guerra e da guerra civil, pela anarquia e pelo terrorismo e por meio de colapsos financeiros que julgarei as nações, mas também por meio de desastres naturais – por meio de terremotos, escassez e fome e antigas e novas doenças e pestes. Também julgarei as nações permitindo que andem em seus próprios caminhos, permitirei que vivam sem lei, que andem em egoísmo sem amor, que se afundem no engano e acreditem na mentira, que se envolvam com falsas religiões e que isso resulte em uma Igreja apóstata, sim, mesmo em um cristianismo sem a Minha presença".

"Não temam quando essas coisas começarem a acontecer, pois Eu revelarei essas coisas a vocês antes que comecem, para que fiquem preparados, e que no dia da tribulação e do mal vocês possam ficar firmes e vencer. Pois Meu propósito é que vocês sejam o meio de encorajamento e fortalecimento de muitos que Me amam, mas são fracos. Eu quero que, por meio de vocês, muitos se tornem fortes em Mim, e que multidões possam encontrar a Minha salvação por meio de vocês."

"E ouçam isto! Não temam o poder do Kremlin, nem o poder da revolução islâmica, pois pretendo esmagar ambos por meio de Israel. Eu derrubarei seu orgulho e sua arrogância, e vou destruí-los porque blasfemaram contra o Meu Nome. Naquele dia vingarei o sangue de todos os mártires e dos inocentes a quem eles mataram. Certamente Eu farei isso, pois eles pensam que não há quem os julgue. Mas Eu tenho visto os seus caminhos, e tenho ouvido o clamor dos oprimidos e dos perseguidos, e quebrarei o seu poder e darei fim a eles. Estejam, portanto, preparados para quando essas coisas começarem a acontecer; a vocês será concedida a última grande oportunidade de pregar livremente o evangelho a todas as nações."

Essa declaração profética nos deu muita iluminação com respeito ao rumo que a história contemporânea estava tomando. Ela também nos deu direção clara sobre como orar pela União Soviética e o seu império, e seus muitos adeptos. O Senhor haveria de interromper seu enorme poder e o domínio que exerciam sobre tanta gente. Também fomos alertados para levar a sério a revolução e o avivamento islâmico. Alguns anos antes dessa declaração profética, o império soviético era dirigido por um influente oficial da KGB, Yuri Andropov. A influência dele persistiu mesmo alguns anos depois de ele ter abdicado do seu cargo, em 1984, e a União Soviética parecia tão poderosa como sempre; por essa razão parecia improvável que se desmanchasse, e mais ainda que chegasse a um fim. Contudo, poucos anos depois daquela declaração profética, tudo tinha acontecido. O império soviético desmanchou-se. Muitos dos Estados soviéticos desse império, como o Cazaquistão, o Uzbequistão, o Azerbaijão, e mesmo a Geórgia e a Armênia, tornaram-se livres (na verdade há mais Estados que se tornaram livres, além desses que citei). O domínio do marxismo na Rússia havia sido desligado; o muro que dividia Berlim foi destruído e a Alemanha Ocidental e a Oriental foram novamente unidas; caiu a cortina de ferro; e todo o Leste Europeu e os Estados bálticos se viram livres. Muitos desses Estados fazem parte, hoje, da União Europeia.

Incrivelmente, a velha bandeira nacional da Rússia, com as três faixas de cor branca, vermelha e azul, substituiu a bandeira da União Soviética, vermelha, com o martelo e a foice amarelos. Ninguém que tivesse vivido naquela era de domínio do marxismo internacional, cujo centro era o Kremlin, jamais creria que isso pudesse acontecer. Até mesmo a águia bicéfala com a coroa acima das duas cabeças, que representava a antiga Rússia sob o regime dos czares, reapareceu na parede do gabinete do novo governo russo. Grande parte do mundo evangélico cria que o marxismo centralizado no Kremlin era o anunciado anticristo que controlaria todo o mundo. Contudo, o Senhor o esmagou e o fez em pedaços.

Mais extraordinário ainda é que, em 1990, o patriarca da Igreja Ortodoxa russa recebeu autorização para dirigir uma cerimônia solene de arrependimento pelo assassinato do czar, da czarina e do czarevich (príncipe herdeiro). A cerimônia começou na catedral e depois seguiu numa melancólica marcha em torno do Kremlin, com velas e retratos da família real assassinada. Espantosamente, o presidente da Rússia, Boris Yeltsin, estava presente com outros líderes. Ninguém que tinha vivido naquela época podia crer que isso aconteceria ou mesmo que fosse possível! É surpreendente ver que setenta anos depois de ter sido assinada no palácio do Kremlin, a constituição marxista foi removida e descartada no mesmo local.

Essa declaração profética foi como luz incidindo naquilo que parecia completamente impossível. Para aqueles que estavam vigiando e também orando, o Senhor deu as armas certas para orar pelo desmantelamento do império marxista soviético, para o livramento e a edificação da Igreja de Deus na Rússia, nos antigos Estados soviéticos e nos antigos Estados comunistas do Báltico e do Leste Europeu. Para alguns cristãos, ela deu um entendimento claro do rumo que o trabalho deles deveria tomar.

A CONFERÊNCIA INTERNACIONAL DE LÍDERES INTERCESSORES DE NOVEMBRO DE 1998

Aqui está outra ilustração. Em uma das conferências internacionais de líderes intercessores, que aconteciam a cada dois anos, estávamos em Caliraya, Laguna, nas Filipinas, em novembro de 1998. Houve uma declaração profética, da qual apresento apenas uma parte:

"Minha ira se levanta", diz o Senhor, "contra essas nações, porque estão dividindo Minha terra e procurando destruir Minha herança. A Minha ira tempestuosa é como um caldeirão fervente contra esses países poderosos que usaram essas estratégias e que, por meio de pressão e manipulação, estão tentando levá-las a cabo. Agora Me tornarei inimigo deles, diz o Senhor, e os julgarei com desastres naturais, com catástrofes naturais, com fogo, com enchente, com terremoto e com erupções vulcânicas. Eu tocarei os mares, a atmosfera, a terra e tudo o que neles há. Além disso, tocarei neles onde mais lhes há de doer, pois tocarei o seu poder e os fundamentos da sua fartura e prosperidade. Eu esmagarei a próspera economia deles, diz o Senhor. E derrubarei, e subverterei, e arruinarei para que eles saibam que Eu sou o Senhor. Eles se assentam como soberanos, tão protegidos, tão seguros, crendo em sua própria esperteza e sabedoria e poder; mas Eu, o Senhor, os farei tropeçar. Eu os levarei à confusão e à desordem. Eu os cegarei e os iludirei de tal forma que eles cometerão erros, porque não Me levaram em conta nem Me honraram. Em vez disso, depreciaram-Me, ridicularizaram Minha Palavra e não deram importância aos Meus pactos. Por muito tempo estive quieto", diz o Senhor, "mas agora Me levantarei com ira transbordante e com fúria. Ao dividirem a Minha terra e tentarem desmoralizar e destruir Meu povo Israel, eles Me desafiaram. Eu, o Senhor dos exércitos, o Todo-poderoso, os enfrentarei."

Quando essa declaração profética chegou aos líderes intercessores, a época era de grande prosperidade econômica, de um crescimento no mercado imobiliário e aparentemente de uma sólida estabilidade financeira. A todos nós parecia que a profecia estava muito longe da realidade. Contudo, dez anos depois, em 2008, tudo começou a cumprir-se. Desde então, a sua força vem crescendo, com profunda recessão, grande desemprego e instabilidade econômica e financeira. Ao mesmo tempo, veem-se terremotos, tsunamis, erupções vulcânicas, enchentes que a mídia tem chamado "de proporções bíblicas", incêndios terríveis e coisas semelhantes. Havia pelo menos quarenta e dois movimentos de países diferentes representados nessa conferência, e ali todos nós tivemos a oportunidade de orar pelo futuro das nações. Também recebemos alguma luz para a posição estratégica que Israel ocupa e a importância que essa nação tem no propósito e na economia de Deus. Isso nos ajudou a reconhecer que não havia como manter uma visão escatológica equilibrada e sadia sem entender Israel. Também entendemos por meio dessa declaração profética o perigo que representa a revolução e o reavivamento islâmico, e a parte que Israel terá, sob a mão de Deus, para a destruição desse movimento.

É importante sempre lembrar as palavras que o apóstolo Paulo escreveu a respeito da declaração profética: "Não apagueis o Espírito. Não desprezeis as profecias; julgai todas as coisas, retende o que é bom; abstende-vos de toda forma de mal" (1 Ts 5.19-22).

OS OUTROS QUATRO DONS

Os outros quatro dons – curas, operação de milagres, variedade de línguas e a interpretação de línguas – às vezes têm participação importante na oração corporativa, embora essa manifestação do Espírito tenha mais a ver com outras reuniões do povo de Deus. Por exemplo, variedade de línguas e a sua interpretação em uma reunião de oração corporativa pode ser uma declaração profética, ou uma palavra de conhecimento, ou uma palavra de sabedoria. O Senhor pode destacar um assunto dessa forma diferente. Os dons de curar e de operar milagres também podem manifestar-se em uma reunião de oração corporativa.

O SENHOR USA A SUA PALAVRA PARA NOS DAR DIREÇÃO

Muitas vezes a manifestação do Espírito se expressa pelo uso da Palavra de Deus. Em uma reunião de oração corporativa o Espírito Santo dirige algum crente a um texto bíblico que ele já conhece, e esse texto torna-se para todos a revelação da mente e da vontade do Senhor. Esse tipo de auxílio das Escrituras, sob a direção do Espírito, pode tornar-se uma palavra de conhecimento, ou uma palavra de sabedoria, ou uma palavra de profecia, e deveria ser recebida pelos outros, e os participantes da reunião de oração deveriam deixar-se influenciar por essa Palavra. Muitas vezes, na minha experiência, o Senhor tem usado algum membro do corpo para nos mostrar o caminho adiante; às vezes o Senhor nos tem direcionado ao cumprimento da Sua vontade por meio desse tipo de auxílio. Alguém tinha uma palavra das Escrituras no coração, lia essa palavra e deixava que os outros a julgassem. Quando era aceita por todos, muitas vezes chegávamos à conclusão de qual era a Sua mente e coração. O uso da Palavra de Deus na oração corporativa é do mais alto valor.

A ORAÇÃO INAUDÍVEL E INEXPRIMÍVEL

O apóstolo Paulo escreve sobre um ministério de oração que é inaudível. Esse ministério do Espírito Santo em nosso espírito é mais profundo do que palavras, mais profundo mesmo do que uma língua e mais profundo ainda do que uma declaração. É uma intercessão que não pode ser expressa em nenhuma linguagem ou forma audível. O Espírito Santo intercede em nós *em favor dos santos*, e sempre o faz *de acordo com a vontade de Deus*. Esse ministério de dores de parto é um agonizar do Espírito Santo em nosso espírito; ele está preso, sem expressão audível, dentro do filho de Deus, e sempre produz resultado.

"Também o Espírito, semelhantemente, nos assiste em nossa fraqueza; porque não sabemos orar como convém, mas o mesmo Espírito intercede por nós sobremaneira, com gemidos inexprimíveis. E aquele que sonda os corações sabe qual é a mente do Espírito, porque segundo a vontade de Deus é que ele intercede pelos santos" (Rm 8.26-27). Isso também é uma manifestação do Espírito. O mistério mais profundo é que a expressão em palavras audíveis e compreensíveis na oração é a menor parte do assunto! Ela é como o topo de um *iceberg*; a maior parte dele está escondida sob a superfície da água. Esse tipo de intercessão acontece em nosso espírito e é obra do Espírito Santo dentro de nós.

Ela só ocorre naqueles que estão totalmente devotados ao Senhor e estão inteiramente comprometidos com Ele. Esses filhos de Deus têm um ministério em seu espírito, que só o Senhor pode ler, receber e entender. É um ministério incessante de intercessão. É colocar em prática a palavra de 1 Tessalonicenses 5.17: "Orai sem cessar".

A ORAÇÃO CORPORATIVA É UM INTERCÂMBIO BIDIRECIONAL

A reunião de oração corporativa não é apenas um tempo em que derramamos todas as nossas necessidades, nossos fardos e nossas petições diante do Senhor; também é um tempo quando Ele nos fala, revelando a Sua mente e vontade. É incrível a mentalidade que se infiltrou entre muitos cristãos, de que na reunião de oração nós é que temos de falar o tempo todo; não temos nem a expectativa de que o Senhor nos fale. Na verdade, se o Senhor fosse responder nossos ardentes e suplicantes clamores e expressões, muitos de nós ficariam impactados e cairiam mortos! Não temos a mínima expectativa de que a reunião de oração corporativa seja o lugar onde o Senhor nos fale; é um tempo em que só nós falamos com o Senhor.

O Senhor Jesus foi direto ao centro do assunto quando disse: "As minhas ovelhas ouvem a minha voz; eu as conheço, e elas me seguem" (Jo 10.27). Em outras palavras, Ele deseja não só ouvir nossa voz expressando necessidades e preocupações que temos, mas também quer que ouçamos a Sua voz e O sigamos. É digno de nota que Ele fala de segui-lO. Nós precisamos receber orientação do Senhor se realmente queremos segui-lO e fazer a Sua vontade. Quantas vezes eu já observei e ouvi algum pastor conduzindo seu rebanho. Ele fala com as ovelhas em uma linguagem que não é nem hebraico, nem grego, nem inglês, nem alguma outra linguagem humana, mas as ovelhas entendem o que ele diz. São os bodes que dão problema; eles deliberadamente não ouvem e desobedecem ao pastor. Eles querem seguir a própria vontade, a sua própria mente e buscam a sua própria satisfação. Contudo, é necessário ouvir o Senhor se queremos segui-lO. Não há outra opção além de ouvir a Sua voz!

Muitos anos atrás eu fui incomodado por uma irmã que sempre tentava entrar em contato comigo pelo telefone. Ela morava a mais de 160 quilômetros de distância. Na Halford House, todos sabíamos que, no momento em que atendêssemos ao telefone e escutássemos a voz dela, seriam no mínimo 45 ou 50 minutos de ligação; e naquele tempo todo não conseguíamos nem sequer inserir algum comentário, só ela falava. Por essa razão, tanto Margaret Trickey, que cuidava do local, como outros irmãos que estavam por ali tentavam fazer a triagem para mim, protegendo-me das ligações dela. Contudo, algumas vezes, quando eu ficava até tarde da noite trabalhando em algum estudo bíblico ou em alguma pesquisa relacionada ao estudo, e era a única pessoa no lugar, e o telefone tocava, era essa irmã. Ela sempre exclamava:

"Louvado seja o Senhor!" ou "Aleluia! Finalmente consegui chegar a você. Deus concedeu a você um grande dom para aconselhar e sabedoria, e eu preciso aproveitar esse dom". Antes que eu conseguisse dizer uma palavra, ela derramava toda e qualquer preocupação que estivesse no seu coração.

Era sempre uma superabundância de palavras. Parecia que ela não parava nem para respirar, e eu achava impossível dizer qualquer coisa – nem mesmo uma palavra. O tempo todo, enquanto ela falava, a cada momento, dizia-me como eu era dotado de sabedoria do Senhor e então tornava a dizer as coisas que a preocupavam. Isso aconteceu tantas vezes que eu comecei a colocar o telefone sobre a mesa e continuar meu estudo ou pesquisa; de vez em quando pegava o telefone e dizia: "Sim". Depois de mais ou menos 45 ou 50 minutos, ela dizia: "Louvado seja o Senhor, você me aconselhou a fazer exatamente o que eu pensei que precisava fazer. Muito obrigado outra vez por estar tão disponível ao Senhor". E com isso ela desligava o telefone. Eu nunca tive a oportunidade de dar nenhum conselho a ela, nem de expressar nenhuma sabedoria que ela pensava que o Senhor me havia dado. Se eu tivesse gritado com todas as minhas forças, acho que ela não teria nem me ouvido; ela estava envolvida demais com as preocupações que lhe enchiam a mente.

É isso que acontece com algumas de nossas reuniões de oração. Bombardeamos o amado Senhor com nossas preocupações, com nossos fardos, com nossas petições, e Ele não tem a mínima chance de falar! Não existe nem mesmo a expectativa de que Ele vá falar. Contudo, na reunião de oração o Senhor é muitas vezes louvado como um conselheiro maravilhoso, e dizemos que todos os tesouros da sabedoria e do conhecimento estão ocultos n'Ele e que o Espírito Santo é capaz de tornar essa sabedoria em uma realidade prática para nós. Mas se Ele falasse, como eu já disse antes, muitos de nós na reunião de oração ou desmaiaríamos ou teríamos um ataque do coração! A lição que precisamos aprender dessa ilustração é simples e clara. Devemos esperar que o Senhor revele a Sua mente com respeito aos encargos ou petições que estamos apresentando a Ele. A oração corporativa é um intercâmbio bidirecional.

SUGESTÕES PRÁTICAS

Primeira: Esteja sempre disponível ao Espírito Santo. Muitas vezes Ele não consegue manifestar-Se porque não estamos disponíveis. Frequentemente pensamos que é suficiente estarmos ali para orar! Quando vamos a uma reunião de oração corporativa, devemos curvar a cabeça e deliberadamente fazer-nos disponíveis para o Seu uso, de qualquer forma que Ele queira. Alguns cristãos ficam muito tensos com o assunto da manifestação do Espírito Santo, mas isso não é desculpa para não ficarmos disponíveis. Pode ser que Ele queira colocar um texto bíblico em seu coração, que será uma palavra de conhecimento, ou uma palavra de sabedoria, ou mesmo uma declaração profética, que conceda luz a uma situação ou problema. Contudo, nós precisamos estar disponíveis a Ele.

Segunda: Fique na expectativa de que o Espírito Santo mova você e o capacite a contribuir com a reunião. Ele compreende completamente seu medo de cometer um erro ou seu sentimento de estar em maior evidência do que deveria estar. Contudo, permita que o Espírito Santo decida isso! A verdadeira humildade consiste em estar pronto para o Senhor falar através de você!

Terceira: Aprenda com todo erro que você cometer; lembre-se de que todos nós cometemos erros. Aprendemos mais com nossos erros à medida que crescemos do que de qualquer outra forma. O que conta é o que fazemos com nossos erros. É falsa humildade entrar em profunda depressão quando cometemos erros e continuar nos flagelando. Em uma reunião de oração corporativa o problema é que todos sabem quando cometemos um erro, e nosso orgulho e autoestima recebem um duro golpe. Se, contudo, aprendermos com os erros cometidos, cresceremos na graça e no conhecimento do Senhor Jesus Cristo.

Lembro-me da história de um irmão que disse: "Assim diz o Senhor: não temam, Meus filhos, pois Eu estou com vocês. Assim como Josué conduziu os filhos de Israel através do mar Vermelho, assim Eu protegerei e conduzirei vocês. Não temam". Então esse irmão disse:

"O Senhor diz: Eu cometi um engano! Foi Moisés que conduziu o povo através do mar Vermelho, e não Josué!". Isso foi um erro cometido diante de todo mundo, e obviamente não era uma manifestação do Espírito! Esperamos que esse irmão tenha aprendido com o seu erro!

Quarta: Seja você mesmo, no Senhor. Não use uma voz artificial ou teatral quando o Espírito Santo Se manifestar em você. Use sua voz normal e proceda da forma em que normalmente procede. Lembre-se apenas de falar alto para que todos possam o ivi-lo. Qual é a diferença entre a voz normal que você us em oração e a expressão de algum dom? Por que achamos que nos tornamos como atores das peças de Shakespeare quando fazemos uso de algum dom? Na verdade, muitos ficam desconcertados com esse tipo de anormalidade e ficam tão distraídos que perdem a direção do Espírito Santo. Também quando alguém grita alto ao receber a manifestação de algum dom, ou berra em línguas ou alguma profecia, isso é mais evidência de alguma manifestação da carne do que do Espírito Santo!

Quinta: A fé é sempre a base para a manifestação do Espírito, e não a emoção. Precisamos ser cautelosos para não exercer um dom espiritual na base da emoção ou do sentimento. Parece que alguns cristãos têm a ideia de que a única ocasião em que se pode usar um dom é quando você é subjugado por uma onda de emoção e sentimento. A base para a declaração profética no mundo pagão ou no ocultismo é sempre a possessão de um espírito, o qual remove da pessoa a capacidade de julgar. A pessoa nem está ciente do que está dizendo ou das coisas que está fazendo. Normalmente esse é o caso com os médiuns do ocultismo em todo lugar, como, por exemplo, os bruxos e feiticeiros na África e na Ásia. Mas quando o Espírito Santo Se manifesta por meio de um crente, este está sempre de posse do seu juízo normal. Talvez o crente não entenda tudo o que o Senhor está dizendo por meio dele e precise indagar do Senhor o sentido daquilo, mas a sua mente não fica desligada. Lembre-se das palavras do apóstolo Paulo: "Os espíritos dos profetas estão sujeitos aos próprios profetas; porque Deus não é de confusão, e sim de paz" (1 Co 14.32-33).

Sexta: Os dons espirituais jamais devem ser usados para manipular ou para impor a opinião de alguém em uma reunião de oração corporativa. Isso é sempre a operação da carne. É interessante, a esse respeito, lembrar a proibição do Senhor quanto ao uso do óleo da unção diretamente sobre a carne (veja Êxodo 30.31-33). Quando algum filho de Deus insiste em usar mal a oração corporativa, tentando de uma forma ou de outra manipular a reunião e impor a sua própria opinião, os irmãos responsáveis pela reunião de oração devem falar com essa pessoa e tentar corrigi-la.

Por último: Eu já disse anteriormente que a reunião de oração corporativa é como um termômetro que registra a saúde ou a enfermidade de uma comunidade ou uma assembleia. Na verdade ela é o corpo do

Messias em ação. O apóstolo Paulo, escrevendo aos efésios, disse: "Mas, seguindo a verdade em amor, cresçamos em tudo naquele que é a cabeça, Cristo, de quem todo o corpo, bem ajustado e consolidado pelo auxílio de toda junta, segundo a justa cooperação de cada parte, efetua o seu próprio aumento para a edificação de si mesmo em amor" (Ef 4.15-16). Por favor, repare cuidadosamente estes três assuntos: *bem ajustado e consolidado pelo auxílio de toda junta, segundo a justa cooperação de cada parte, efetua o seu próprio aumento para a edificação de si mesmo em amor.* Não conseguimos crescer em todos os aspectos n'Aquele que é o Cabeça, nem podemos conhecer o funcionamento saudável e normal do corpo, nem o corpo se conserva unido, a não ser que seja por meio do auxílio de toda junta. Essas juntas somos nós, e tudo depende de estarmos contribuindo com aquilo que estamos recebendo do Senhor!

O crescimento do corpo e a sua edificação em amor ocorrem segundo a justa cooperação individual de cada parte. Nós somos as partes individuais do corpo, e o seu crescimento e edificação dependem do nosso envolvimento nele. A oração corporativa é tudo isso em ação.

CAPÍTULO **7**

O LUGAR DA PALAVRA NA ORAÇÃO CORPORATIVA

Efésios 6.17-18 – Tomai também o capacete da salvação e a espada do Espírito, que é a palavra de Deus; com toda oração e súplica, orando em todo tempo no Espírito e para isto vigiando com toda perseverança e súplica por todos os santos.
Hebreus 4.12 – Porque a palavra de Deus é viva, e eficaz, e mais cortante do que qualquer espada de dois gumes, e penetra até ao ponto de dividir alma e espírito, juntas e medulas, e é apta para discernir os pensamentos e propósitos do coração.
Apocalipse 1.16 – Tinha na mão direita sete estrelas, e da boca saía-lhe uma afiada espada de dois gumes. O seu rosto brilhava como o sol na sua força.

2 Coríntios 10.3-5 – *Porque, embora andando na carne, não militamos segundo a carne. Porque as armas da nossa milícia não são carnais, e sim poderosas em Deus, para destruir fortalezas, anulando nós sofismas e toda altivez que se levante contra o conhecimento de Deus, e levando cativo todo pensamento à obediência de Cristo.*

Salmos 18.29-30, 34, 37-39 – *Pois contigo desbarato exércitos, com o meu Deus salto muralhas. O caminho de Deus é perfeito... ele é escudo para todos os que nele se refugiam. Ele adestrou as minhas mãos para o combate, de sorte que os meus braços vergaram um arco de bronze. Persegui os meus inimigos, e os alcancei, e só voltei depois de haver dado cabo deles. Esmaguei-os a tal ponto, que não puderam levantar-se; caíram sob meus pés. Pois de força me cingiste para o combate e me submeteste os que se levantaram contra mim.*

Salmos 144.1-2 – *Bendito seja o SENHOR, rocha minha, que me adestra as mãos para a batalha e os dedos, para a guerra; minha misericórdia e fortaleza minha, meu alto refúgio e meu libertador, meu escudo, aquele em quem confio e quem me submete o meu povo.*

1 Timóteo 1.18 – *Este é o dever de que te encarrego, ó filho Timóteo, segundo as profecias de que antecipadamente foste objeto: combate, firmado nelas, o bom combate.*

A GUERRA ESPIRITUAL EM QUE ESTAMOS INSERIDOS

A partir do momento em que nascemos do Espírito, entramos em uma zona de guerra espiritual. Não demoramos muito para descobrir que nossos inimigos espirituais são poderosos. Esses inimigos têm por objetivo levar-nos a fazer concessões desonrosas, a nos enredar e se possível até mesmo nos destruir. Eles farão tudo que estiver ao seu alcance para frustrar e acabar com a obra de Deus em nós. Os poderes das trevas nunca cessam de tentar nos impedir de crescer na graça e no conhecimento experimental do Senhor Jesus.

Não obstante esse conflito ao nosso redor, o Senhor Jesus sempre vence a batalha! Ele está entronizado à mão direita do Pai, totalmente fora do alcance e da possibilidade de Satanás e das suas hostes O destronarem. Eles são incapazes de frustrar o propósito de Deus para Ele; Seu destino está assegurado! Na verdade, o Pai declarou: "Assenta-te à minha direita, até que eu ponha os teus inimigos debaixo dos teus pés" (Sl 110.1). Satanás é incapaz de desfazer a obra consumada do Messias, com todo o triunfo que daí resulta. Este está fora do alcance do poder do arqui-inimigo de Deus, tanto para feri-lO como para afetá-lO ou prejudicá-lO.

Uma vez que os poderes das trevas não podem destronar o Senhor Jesus, eles concentram sua energia e atividade nos redimidos *que estão na Terra*. Quando o Messias apareceu a Saulo de Tarso, embora este ainda não fosse salvo, ele ouviu o Senhor falando em hebraico, dizendo: "Saulo, Saulo, por que me persegues?". E o Senhor Jesus tornou a enfatizar isso quando Saulo perguntou: "Quem és tu, Senhor?". Ao que o Senhor respondeu: "Eu sou Jesus, a quem tu persegues" (veja Atos 26.14-15). Saulo poderia ter dito: "Eu não estou Te perseguindo; estou perseguindo os Teus discípulos!". É aqui que fazemos uma descoberta significativa e reveladora. A única forma de Satanás tocar o Senhor Jesus é tocar aqueles que Lhe pertencem e que vivem sobre esta Terra decaída. Essa é a razão da batalha em que nos encontramos. O espírito do anticristo, que está no mundo desde o princípio, fará tudo aquilo que estiver ao seu alcance para destruir a Igreja de Deus, o testemunho de Jesus e aqueles que foram libertos do domínio das trevas e transportados para o reino do Seu Filho amado (veja Colossenses 1.13). Esses crentes são um testemunho contínuo do Senhor Jesus e da eficácia da obra que Ele executou no Calvário. Isso irrita Satanás, e junto com os outros inimigos de Deus ele não deixará pedra sobre pedra para prejudicar e saquear os filhos de Deus, roubando deles a manifestação prática de sua salvação. Esses inimigos tentarão torná-los surdos e cegos para o Senhor Jesus, tentarão empobrecê-los e levá-los a serem uma contradição de tudo aquilo que Ele é! Não é possível medir o ódio dos poderes das trevas contra tudo e todos que se relacionam com o Senhor Jesus.

Toda vez que examinamos o Novo Testamento encontramos referências a esse conflito que enfrentamos como crentes verdadeiros e fiéis. Na carta que enviou a Timóteo, seu filho espiritual, o apóstolo Paulo escreveu: "Este é o dever de que te encarrego, ó filho Timóteo, segundo as profecias de que antecipadamente foste objeto: combate, firmado nelas, o bom combate" (1 Tm 1.18). E mais uma vez: "Participa dos meus sofrimentos como bom soldado de Cristo Jesus" (2 Tm 2.3).

Na carta à igreja em Éfeso, Paulo escreve: "Revesti-vos de toda a armadura de Deus, para poderdes ficar firmes contra as ciladas do diabo" (Ef 6.11). Você não veste uma armadura como se fosse uma roupa de gala, mas a coloca apenas para a guerra! Mais adiante ele escreve: "Portanto, tomai toda a armadura de Deus, para que possais resistir no dia mau e, depois de terdes vencido tudo, permanecer inabaláveis" (Ef 6.13). Essas palavras são termos de guerra. Ele está ressaltando que nós, que pertencemos ao Senhor, estamos numa batalha que, de tempos em tempos, pode tornar-se incrivelmente violenta[4].

AS CILADAS DO DIABO

Paulo nos incentiva a permanecer firmes contra as *ciladas do diabo*. A palavra grega traduzida como *cilada* significa "um plano" ou "um artifício esperto" e traz a ideia de astúcia, trapaça ou engano. Já que Satanás não pode destronar o Senhor Jesus nem frustrar o propósito do Pai para Ele, ele aposta tudo o que tem nessa guerra. Ele tem como objetivo comprometer e destruir a obra do Senhor e o corpo de nosso Senhor Jesus e fará isso com todos os meios que estiverem ao seu alcance! Ele usará toda forma

---

[4] Para conhecer mais profundamente esse assunto recomendamos o clássico *Guerra contra os Santos*, de Jessie Penn-Lewis, publicado por esta editora.

de engano e trapaça nas suas táticas e nos seus métodos astuciosos. De fato, o apóstolo Paulo descreve os espíritos que estão com Satanás como *espíritos enganadores*, e o seu ensino como *doutrinas de demônios* (veja 1 Timóteo 4.1). É bom que prestemos atenção ao uso da palavra *enganadores*, pois ela descreve com perfeição as táticas de Satanás.

A ESPADA DO ESPÍRITO, QUE É A PALAVRA DE DEUS

É digno de nota que o apóstolo escreveu: "Tomai também o capacete da salvação e a espada do Espírito, que é a palavra de Deus" (Ef 6.17). Em nossos dias, nos países industrializados, as espadas estão geralmente penduradas nas paredes como decoração; hoje elas não têm mais serventia. Contudo, no passado eram armas essenciais. O Espírito de Deus nos revela que a espada que Ele usa é a Palavra de Deus.

O escritor da Carta aos Hebreus destaca isso quando diz: "Porque a palavra de Deus é viva, e eficaz, e mais cortante do que qualquer espada de dois gumes, e penetra até ao ponto de dividir alma e espírito, juntas e medulas, e é apta para discernir os pensamentos e propósitos do coração" (Hb 4.12). Também é altamente significativo que, quando o apóstolo João viu o Messias ressuscitado e glorificado no meio das sete igrejas, ele O descreveu assim: "Tinha na mão direita sete estrelas, e da boca saía-lhe uma afiada espada de dois gumes. O seu rosto brilhava como o sol na sua força" (Ap 1.16). A espada de dois gumes era uma arma muito mais mortífera e eficaz do que a espada normal; ela podia picar em pedaços qualquer adversário. Na verdade, ela era feita para acabar com o adversário! O Messias não apenas tinha uma espada de dois gumes, mas ela "saía" da Sua boca. Essa é uma figura vívida do poder da Palavra de Deus; como resultado dela, havia ação positiva. É claro, é o Espírito Santo que faz da Palavra de Deus uma realidade viva e poderosa.

Muitos anos atrás um irmão conseguiu comprar, em uma loja de produtos usados, um velho livro de Charles Haddon Spurgeon. Ele trouxe o livro à Halford House e nos perguntou se o queríamos para a biblioteca, e nós alegremente o aceitamos. Para minha surpresa, dentro do livro encontrei um envelope com uma carta pessoal de Spurgeon a um pastor batista, escrita em meados do século dezenove. Na carta ele escreveu a respeito da controvérsia referente à teologia bíblica liberal que estava na moda, naquela época, entre as igrejas batistas. Ele recomendava com insistência que o pastor "se pusesse de pé, se posicionasse", e escreveu: "Se você se julga incapaz de empunhar a espada do Espírito (a Bíblia) e de usá-la, pelo menos permita que ela faça algum barulho enquanto está na bainha!". Na oração corporativa precisamos muito mais do que fazer barulho com a espada do Espírito na bainha; precisamos aprender a usá-la!

AS ARMAS DA NOSSA GUERRA

É importante notar a maneira impressionante como Paulo escreve a respeito da guerra em que estamos envolvidos: "Porque, embora andando na carne, não militamos segundo a carne. Porque as armas da nossa milícia não são carnais, e sim poderosas em Deus, para destruir fortalezas, anulando nós sofismas..." (2 Co 10.3-4). As armas da nossa guerra não são da esfera da carne e do sangue. É um erro enorme, muitas vezes com tristes consequências, quando contrapomos carne e sangue a carne e sangue. Em outras palavras, usamos inteligência contra inteligência, filosofia contra filosofia, ideologia contra ideologia e argumento contra argumento. Fazendo isso, as armas da nossa guerra são da carne e nossa luta é travada segundo a carne. Essas armas com que o Espírito Santo nos equipa somente funcionam na presença de Deus. A maneira como o apóstolo declara isso é muito significativa: *poderosas em Deus*[5]. Elas funcionam somente por meio do Seu poder capacitador; elas não funcionam quando Ele não está presente e no comando.

Certa vez Charles Haddon Spurgeon disse que ele não conseguia entender por que os cristãos gastavam tanto tempo precioso defendendo a Palavra de Deus. Ele disse: "A Bíblia não precisa de defesa. Deixe o leão sair da jaula e ele se defenderá sozinho". Em outras palavras,

---

[5] A versão usada pelo autor diz *diante de Deus* (N. do T.).

pregue a Palavra de Deus com poder, e os resultados serão a sua defesa. Fortalezas ou fortificações normalmente são pontos fortes na defesa de qualquer região. Se essas fortalezas caem, toda a região pode ser invadida. Paulo, pelo Espírito Santo, fala das fortalezas e fortificações satânicas. Por meio das armas fornecidas pelo Espírito Santo e manejadas por meio do Seu poder, essas fortalezas podem ser destruídas, e uma região inteira pode abrir-se para o evangelho e para o poder salvador do Senhor Jesus. Essa é uma lição tremenda para aqueles que estão envolvidos na oração corporativa. A destruição desse tipo de ponto forte do poder satânico nas suas linhas de defesa pode significar uma conquista decisiva para a obra do Senhor.

Semelhantemente, essa passagem fala de anular *sofismas*. Eles são destruídos por meio das armas com que o Espírito Santo nos equipa. A palavra grega traduzida como *sofismas* [Almeida Revista e Corrigida: *conselhos*; Tradução Brasileira: *raciocínios*] significa "especulações" ou "argumentos filosóficos". Isso não é assunto insignificante. O darwinismo, por exemplo, é todo fundamentado em especulação. O texto fala também de anular *toda altivez que se levante contra o conhecimento de Deus*. Em nossos dias, chamados de era pós-cristã, há, em muitos países que já foram cristãos, muita "altivez" que nega o conhecimento de Deus. Essa "altivez" se expressa em discussões humanistas contra a Palavra de Deus revelada. Por exemplo, há uma nova concepção de moralidade, nova maneira de encarar o aborto, novo sistema de educação liberal, o próprio humanismo, e muitas coisas mais.

O apóstolo também fala de levar *cativo todo pensamento à obediência de Cristo*. Há tantos sistemas filosóficos e ideológicos que começaram com um pensamento, como, por exemplo, o marxismo e o maoísmo. Ambos começaram com pensamentos na mente de seus fundadores – Karl Marx e Mao Tsé-Tung. O nazismo começou como um pensamento na cabeça de Adolf Hitler. Os exemplos desse tipo de coisa são intermináveis. O apóstolo Paulo não estava lidando com assuntos de pouca importância quando escreveu a respeito de destruir fortalezas e fortificações, de destruir sofismas, de anular toda a altivez que se levanta contra o conhecimento de Deus e de trazer todo pensamento cativo à obediência de Cristo. Há assuntos tão difíceis que somente o Espírito Santo pode nos equipar com as armas corretas para alcançarmos a vitória!

A NECESSIDADE DE TREINAMENTO PARA A GUERRA

Precisamos ser educados e treinados pelo Senhor para usarmos as armas da nossa guerra. O manejo de uma espada requer habilidade e capacidade e muita instrução antes de poder usá-la. Também é preciso que a pessoa seja ágil e saudável; precisamos de intenso treinamento físico. Isso também é verdade em relação a outros tipos de arma; precisamos ser ensinados e treinados para saber como manejá-las. Precisamos de treinamento, exercício e instrução tanto com as armas físicas como com as armas espirituais.

O rei Davi é uma ilustração muito boa desse tipo de treinamento. No salmo 18 ele escreve que, com o Senhor, ele pôde desbaratar exércitos e saltar muralhas. O exército com certeza não era composto de apenas algumas poucas pessoas, e as muralhas não se limitavam à altura do joelho, mas provavelmente eram no mínimo da própria altura de Davi. Ele tinha se exercitado na arte de correr e de saltar! Na verdade ele diz mais: foi o Senhor quem treinou as suas mãos para a batalha, e de tal forma que os seus braços puderam vergar um arco de bronze. Esse tipo de treinamento fez com que ele se tornasse apto a perseguir os seus inimigos sem cansar-se e a alcançá-los. Não era uma "corrida de sacos"; seu treinamento físico produziu grandes resultados. Ele fala de não voltar até que tivesse dado cabo de todos os seus inimigos, de destruí-los de tal forma que não pudessem mais levantar-se, ficando sob os seus pés. Tudo isso tem o seu equivalente espiritual se o Senhor vai nos treinar para a guerra espiritual.

Davi atribuiu toda a glória a Deus quando disse que foi o Senhor quem o fez: "Pois de força me cingiste para o combate e me submeteste os que se levantaram contra mim" (veja Salmos 18.29-39). E novamente quando ele diz: "Bendito seja o SENHOR, rocha minha, que me adestra as mãos para a batalha e os dedos, para a guerra" (Sl 144.1). Esse é um maravilhoso exemplo da necessidade de instrução espiritual, de exercício e treinamento por parte do Senhor. Não podemos simplesmente passear no meio do campo de batalha como que sonhando acordados, esperando que o Senhor vá nos proteger. Precisamos aprender como lutar na guerra, como combater o bom combate da fé, como usar a espada do Espírito e como nos vestirmos apropriadamente para a batalha. Também precisamos conhecer as armas espirituais necessárias nessa guerra, que operam tão poderosamente na presença do Senhor.

O apóstolo Paulo, em sua carta a Timóteo, escreveu: "Participa dos meus sofrimentos como bom soldado de Cristo Jesus. Nenhum soldado em serviço se envolve em negócios desta vida, porque o seu objetivo é satisfazer àquele que o arregimentou" (2 Tm 2.3-4). Todos nós somos chamados para sermos soldados do Senhor Jesus! Contudo, precisamos lembrar que o seu exército é formado de soldados voluntários, e não recrutados. Para aqueles que atendem ao Seu chamado, o treinamento é severo e repleto de disciplina, e dura a vida toda. Paulo alerta Timóteo para que não permita que o mundo e os seus caminhos o coloquem em perigo, mas que se dedique ao Senhor e esteja totalmente comprometido com Ele.

A TUA PALAVRA É A VERDADE

De tudo o que já temos escrito neste capítulo, é possível perceber que estamos envolvidos em uma guerra, quer gostemos ou não da ideia. Neste caso não é possível o pacifismo espiritual! Estamos em uma batalha e não devemos surpreender-nos com a proximidade do inimigo. O apóstolo Paulo escreveu: "... porque a nossa luta não é contra o sangue e a carne, e sim contra os principados e potestades, contra os dominadores deste mundo tenebroso, contra as forças espirituais do mal, nas regiões celestes" (Ef 6.12). A luta é um esporte de contato, como já foi dito anteriormente. Não é como uma agradável partida de tênis, na qual estamos separados de nosso adversário por uma rede que chega à altura da cintura. Quando você está envolvido em uma luta, talvez seu oponente passe os braços à sua volta, tentando levantar você, para então jogá-lo no chão. Ele pode até sentar-se sobre você! Isso não significa necessariamente que você tenha perdido a luta. Na verdade, você ainda pode até vencer.

Deus nos equipou com as armas que garantem a vitória, apesar da ferocidade da batalha. No meio do conflito é essencial que sempre nos lembremos de que o Senhor Jesus já venceu e está entronizado. Ele pode prover, por meio do Espírito Santo, as armas que nos são necessárias para impor a Sua vitória e triunfo!

O que são essas armas de nossa guerra? Em que consistem elas? Elas consistem unicamente na verdade de Deus. Essa é a única arma que Deus deu à Igreja e aos crentes. O Senhor Jesus, em Sua oração sacerdotal, disse: "... a tua palavra é a verdade" (Jo 17.17). A Palavra de Deus, em sua inteireza, é a verdade. A *espada* do Espírito, que é a Palavra de Deus, é a verdade colocada em prática. O uso dessa espada do Espírito é essencial, na oração corporativa, se queremos que se execute a vontade de Deus. A verdade de Deus revelada em Sua Palavra é a única arma que imobiliza o inimigo. O Senhor Jesus disse a respeito de Satanás que ele não se firmou na verdade pela simples razão de que nele não existe verdade nenhuma! O Messias o chamou de mentiroso e pai da mentira (veja João 8.44). A única forma de desbaratar Satanás e suas hostes é por meio da verdade de Deus. Ele rirá se usarmos qualquer outra coisa! Nas reuniões de oração corporativa podemos expressar grande zelo e emoção; podemos gritar o mais alto que conseguirmos; podemos expressar grande indignação e raiva; e isso tudo não terá efeito nenhum sobre Satanás. Ele não se sente ferido nem se vê obrigado a retroceder por nenhuma dessas manifestações de nossa parte contra ele. Também podemos pregar nossos sermõezinhos ou nossas paráfrases de porções inteiras da Palavra de Deus, mas isso ainda não causará dano ao inimigo. Satanás sabe quando as Escrituras que citamos nos são dadas pelo Espírito ou quando são uma mera reação automática do nosso conhecimento intelectual da Bíblia.

Contudo, no momento em que com nossos lábios expressamos a verdade de Deus que nos foi concedida como arma pelo Espírito Santo, Satanás não somente fica incomodado, mas foge. É a arma suprema com a qual todas as forças do mal e das trevas podem ser sujeitadas e derrotadas. Se permanecemos na Palavra de Deus e a usamos, o domínio de Satanás sobre as situações e problemas com certeza será desfeito.

A palavra grega traduzida por *verdade* significa não somente "sã doutrina", mas também "realidade". Quando o Senhor Jesus disse: *Eu sou a verdade*, Ele não queria dizer que era apenas a doutrina, mas que era a realidade (Jo 14.6). É essa Realidade Eterna que torna ineficazes as forças do mal; ela as confunde e derrota. Se a verdade de Deus, como a encontramos em Sua Palavra, nos é colocada nas mãos pelo Espírito de Deus e nós a usamos, ela torna totalmente ineficaz todo artifício de Satanás. Até mesmo os pontos fortes, as fortalezas de Satanás, podem ser destruídos pela verdade na oração corporativa.

As armas não são fabricadas para servirem de ornamento, mas para serem usadas como defesa e como ofensiva nas batalhas; elas foram projetadas para nos proteger e para ganharmos as batalhas. Diante disso, começamos a perceber como precisamos conhecer a Bíblia, como precisamos estudá-la e como precisamos memorizar as Escrituras. Precisamos muito mais do que mero conhecimento acadêmico e intelectual. A Palavra de Deus precisa ser implantada em nós. Preste atenção às palavras de Tiago: "Portanto, despojando-vos de toda impureza e acúmulo de maldade, acolhei, com mansidão, a palavra em vós implantada, a qual é poderosa para salvar a vossa alma" (Tg 1.21). O apóstolo Paulo também ressalta isso quando escreve: "Habite, ricamente, em vós a palavra de

Cristo" (Cl 3.16a). Quando a Palavra de Deus se torna carne e sangue em nós, começamos a aprender a usar com eficiência a espada do Espírito e as outras armas de nossa guerra.

FATOS ETERNOS QUE PODEMOS USAR COMO ARMAS

A Palavra de Deus não é filosofia, nem especulação, nem um faz de conta. Ela não é um amontoado de exageros, nem uma coleção de mitos e imperfeições. A Palavra de Deus é a verdade revelada; ela é a revelação de fatos eternos, feita pelo Espírito de Deus. Aqui estão alguns dos fatos eternos que devemos passar a usar como a espada do Espírito e como as armas da nossa guerra.

EU SOU O QUE SOU

O nome pelo qual Deus Se revelou a Moisés é *Eu sou o que sou*. Ele disse a Moisés que fosse e dissesse a Faraó: *Eu sou me enviou*. Aqui nós começamos com o fato mais fundamental de todos: "Deus é" – não é que Deus foi nem Deus será, mas Deus *é*. Essa é a maior arma que podemos usar na batalha contra o inimigo. Se apenas entendêssemos plenamente o seu significado! Deus nunca Se refere a Si mesmo como "Eu tenho sido o que tenho sido", ou "Eu serei o que haverei de ser", ou "Eu fui o que fui". Ele Se refere a Si mesmo como *Eu sou o que sou*.

Deus é *Eu sou*, e toda e qualquer criatura existe, vive e se move por causa d'Ele. Não existe nada que esteja fora do Seu controle e autoridade. Essa não é uma arma pequena para usarmos, especialmente quando nos apercebemos de que até mesmo o diabo existe pela graça de Deus! Em todo lugar que você olhar, de Gênesis a Apocalipse, encontrará esse grande fato, eterno e fundamental. Essa é *a* verdade que imobiliza totalmente a Satanás. Toda a autoridade e poder soberanos pertencem de modo supremo a Deus. Eles não pertencem a Satanás nem aos poderes das trevas. Além disso, se *Deus é*, não há problema que Ele não possa solucionar, não há progresso que não possa fazer, nem obstáculo que não possa superar. Com Ele não há nada trabalhoso demais, nem difícil demais, nem impossível!

Só há salvação n'Ele, como também a cura, a libertação e a perfeição. Quando Ele afirmou a Moisés: "Meu nome é *Eu sou*", estava dizendo que Ele seria tudo aquilo que Moisés pudesse precisar. Precisamos lembrar que Moisés, por causa do Senhor, deixou de ser neto de Faraó a fim de tornar-se pastor nômade no deserto. Era como se o Senhor estivesse lhe dando um cheque em branco, e tudo o que ele precisava fazer era preenchê-lo à medida que tivesse alguma necessidade. Você precisa de salvação? Eu sou a sua salvação. Você precisa de graça? Eu sou a sua graça. Você precisa de poder? Eu sou o seu poder. Você precisa de sabedoria? Eu sou a sua sabedoria. Você precisa de vida? Eu sou a sua vida. Você precisa de cura? Eu sou a sua cura. De que é que você precisa? Eu sou toda a sua suficiência! Os poderes das trevas não conseguem lidar com isso quando ouvem os crentes declarando essa verdade, mesmo que seja um dos crentes mais novos. Isso os paralisa. Para nós, contudo, isso significa vitória pessoal e corporativa.

A Pessoa do Senhor Jesus

O Verbo se fez carne e habitou entre nós. Esse é outro fato fundamental. Aquele que sempre existiu na Divindade tornou-se carne e habitou entre nós. Deus manifestou-Se em carne. Os teólogos dos séculos passados davam a essa verdade o nome de "a filiação eterna de Cristo". É por isso que João, o apóstolo, disse: "Quem é o que vence o mundo, senão aquele que crê ser Jesus o Filho de Deus?" (1 Jo 5.5). Esse é o segredo para vencer o mundo; é tão simples, que nos passa despercebido! É a confissão de que Jesus é o Messias, o Filho do Deus vivo. Sobre essa rocha sólida o Messias edifica a Sua Igreja, e as portas do inferno não prevalecerão contra ela, por mais que tentem fazê-lo.

O Senhor Jesus declarou que toda a autoridade e todo o poder Lhe foram dados, tanto no céu como nesta Terra decaída; Ele nos ordenou ir, portanto, "fazer discípulos de todas as nações", e acrescentou: "E eis que estou convosco todos os dias até à consumação do século" (veja Mateus 28.18-20). Colocado de forma simples, o Senhor Jesus disse que as portas do inferno não prevaleceriam contra a *Sua* edificação, e, se obedecermos ao Seu mandamento de ir, Ele prometeu estar conosco até a consumação do século. Aqui está um fato imutável, que não pode alterar-se. Essas declarações do Senhor Jesus podem ser expressas por nossos lábios durante a oração corporativa, e Satanás não pode fazer absolutamente nada a esse respeito. A expressão da verdade o paralisa. Essa é a razão por que a simples, mas profunda, declaração "Jesus *é* o Senhor" humilha e desmoraliza as forças satânicas e provoca a sua derrota.

Deus nos dá tudo no Senhor Jesus – a Sua salvação, o Seu poder, a Sua graça, a Sua sabedoria, a Sua vida e o Seu tudo. Ele é o dom inefável de Deus para nós, e com Ele Deus nos dá todas as coisas. É essa confissão, feita com nossos lábios, que anestesia Satanás e suas hostes. Satanás sabe que o mais simples filho de Deus pode todas as coisas em Cristo, que o fortalece. No momento em que qualquer filho de Deus habita em Cristo e Cristo nele, os poderes das trevas são neutralizados. Eis aqui um fato que perdura para sempre e não é mudado nem pela mais violenta batalha nem pelo conflito que estamos enfrentando. É a expressão desse fato com nossos lábios que pode mudar a derrota em vitória. Satanás não consegue lidar com uma expressão de fé assim!

A OBRA CONSUMADA DE CRISTO

Aqui está outro fato eterno. A obra do Senhor Jesus consumada na cruz foi predeterminada antes da fundação do mundo, mesmo antes que existisse o tempo. Quando Ele morreu no Calvário, consumou a obra da nossa salvação, razão expressa pela qual Ele tinha vindo. Ele assentou o fundamento legal sobre o qual Deus, o Pai, pode salvar-nos, guardar-nos, prover em nosso favor, proteger-nos e abençoar-nos. Sobre essa base, Ele pode transformar um pecador em santo; Ele pode nos conformar à semelhança do Messias, não importa quão deformados, ou perversos, ou maus tenhamos sido. É somente nessa base que experimentamos a Sua misericórdia eterna e Seu amor constante.

Esse também é o fundamento sobre o qual Ele pode completar Seu eterno propósito para o homem e para o universo. Por meio dessa obra consumada o Senhor Jesus conquistou e derrotou completamente os poderes das trevas. Antes do Calvário, Jesus declarou: "... agora, será expulso o príncipe deste mundo" (Jo 12.31b – Almeida Revista e Corrigida). Satanás foi rebaixado de posto por meio da obra do Senhor Jesus no Calvário e não há nada que ele possa fazer a esse respeito. O apóstolo João escreveu: "Para isto se manifestou o Filho de Deus: para destruir as obras do diabo" (1 Jo 3.8b). As obras de Satanás, que são tão numerosas e poderosas, foram todas destruídas por meio da obra consumada do Messias.

O escritor da Carta aos Hebreus já havia anteriormente destacado esse fato, quando escreveu: "... para que, por sua morte, destruísse aquele que tem o poder da morte, a saber, o diabo" (Hb 2.14b). Satanás foi reduzido a nada pela obra do Senhor Jesus. O apóstolo Paulo escreve: "... despojando os principados e as potestades, publicamente os expôs ao desprezo, triunfando deles na cruz" (Cl 2.15). O Senhor Jesus desnudou e desarmou os principados e poderes espirituais, levando-os cativos na comitiva do Seu triunfo.

Isso não é um conto de fadas; não é um faz de conta; e também não é uma vaga possibilidade. É um fato e uma realidade; o Senhor Jesus reduziu a nada a autoridade, o poder e as obras de Satanás e de suas hostes. Contudo, estamos muito conscientes da força e do poder das hostes satânicas. Elas nos parecem muito reais e presentes. Contudo, o Senhor Jesus desarmou-as, reduziu a nada o seu poder e destruiu a sua eficácia! É esse fato que precisamos proclamar a fim de obtermos vitória sobre essas hostes!

Toda a hierarquia satânica treme quando um filho de Deus, por mais simples que seja, pronuncia verbalmente essa realidade. Essa é a verdade absoluta. Os poderes das trevas são muito espertos em sua propaganda; eles fazem grande barulho e com isso muitos crentes se encolhem de medo. Fazem os crentes pensarem que eles são poderosos e estão no comando. Mas isso não é verdade; eles foram reduzidos a nada, foram despidos e desarmados. A chave da vitória e da conquista se encontra em

Apocalipse 12.11: "Eles, pois, o venceram por causa do sangue do Cordeiro e por causa da palavra do testemunho que deram e, mesmo em face da morte, não amaram a própria vida". Por meio da obra consumada do Senhor Jesus e do sangue do Cordeiro, que representa essa obra, por meio da palavra do seu testemunho — a expressão simples, real e verdadeira desse fato — e porque eles renunciaram à própria vida, obtiveram a vitória sobre o diabo e se tornaram seus conquistadores.

A ATUAL POSIÇÃO DE CRISTO

A atual posição do Senhor Jesus é uma arma tremenda. Esse é outro fato eterno. Atualmente, o Senhor Jesus está entronizado à direita de Deus, o Pai. Ele tornou-Se Rei dos reis e Senhor dos senhores e Governador dos reis da Terra. Todos os governadores, os presidentes, os reis, até mesmo os ditadores e autocratas reinam pela graça de Deus e unicamente pela permissão de nosso Senhor Jesus — tanto os bons governantes como os maus. O Senhor Jesus os estabelece no governo e também os depõe. Toda a autoridade e poder no céu e nesta Terra decaída estão nas mãos de nosso Senhor Jesus. Por isso, não há situação, nem internacional, nem nacional, nem local, que seja difícil demais ou complexa demais para o Messias resolver!

O Senhor Jesus também Se tornou o Cabeça sobre todas as coisas para a Igreja, que é o Seu corpo. Esse fato da presente posição do Messias é de extrema importância, considerando a batalha em que a Igreja está envolvida. Verdadeiramente Ele foi feito Cabeça *sobre todas as coisas* para a Igreja? Se isso é verdade, então temos nas mãos uma arma muito poderosa. Afinal, o Senhor Jesus declarou enfaticamente que as portas do inferno não têm como prevalecer contra a Igreja que Ele está edificando! Este é um terreno firme para nos estabelecermos em oração e intercessão em favor da edificação da Sua Igreja.

Ele também é o Rei de Israel. O Senhor Jesus, o Messias, jamais abdicou do trono de Davi. Na verdade, Isaías profetizou: "... para que se aumente o seu governo, e venha paz sem fim sobre o trono de Davi e sobre o seu reino, para o estabelecer e o firmar mediante o juízo e a justiça, desde agora e para sempre" (Is 9.7). A nação de Israel crê que é uma república, quando na verdade é um reino! Dentro em breve, o Rei de Israel retornará a Jerusalém. Isso é verdade e é uma arma poderosa nas mãos daqueles que oram e intercedem em favor de Israel. Seria inconcebível que o Rei de Israel não cuidasse do seu destino e não cumprisse o Seu propósito para essa nação.

A presente posição do Senhor Jesus é verdade e não mito. Se é assim, então estamos de posse de armas incrivelmente poderosas, que o Espírito Santo pode conduzir-nos a usar. Os poderes das trevas e do mal têm todo interesse em fazer-nos crer que eles são "o máximo" neste mundo. Na verdade eles não foram apenas desalojados; eles foram desarmados, e todas as suas obras foram reduzidas a nada. Na oração corporativa, precisamos proclamar e declarar a presente posição cheia de poder do Messias, entronizado à mão direita de Deus Pai.

A IMUTABILIDADE DO CONSELHO DE DEUS

Nós precisamos não apenas aprender a usar a Palavra de Deus como a revelação dos fatos eternos, mas também aprender a nos firmar na imutabilidade do Seu conselho. A palavra *imutável* significa simplesmente "invariável", "não sujeito a mudanças" ou "sem possibilidade de desviar-se". Não há *sombras intermitentes* no Senhor. Ele jamais Se desvia do Seu propósito eterno. O conselho de Deus, que é imutável, é revelado na Sua Palavra. Essa imutabilidade nos encoraja, conforta e nos fortalece. Não importa quão grande é a batalha que ruge ao nosso redor, Seu conselho permanece firme; por mais evidências que haja contra isso, Ele executará toda a Sua vontade (veja Isaías 46.10). Quando a batalha está no calor máximo, há muita fumaça que pode embaçar a nitidez e a objetividade da nossa visão. Perdemos de vista, então, a imutabilidade do Seu conselho e perdemos o rumo. Trazer-nos de volta a uma visão clara e ao caminho certo é a obra do Espírito Santo, o Consolador.

O segredo espiritual de Willie F. B. Burton

Um dos maiores missionários da África do Sul que atuou no sul do Congo costumava visitar-nos de tempo em tempo na Halford House. Willie F. B. Burton era um extraordinário servo do Senhor. Ele foi treinado por Smith Wigglesworth, e quando jovem acompanhou-o em várias de suas missões. Ele fundou uma obra excepcional entre os canibais. Ele presenciou a cura de mais de mil casos de pessoas com doenças terminais. A maioria desses casos estava relacionada com essa obra pioneira entre os canibais. Ele considerou essas curas, corretamente, como um sinal que seguiu a pregação do evangelho (veja Marcos 16.20), e essas curas fizeram com que tribos inteiras se tornassem acessíveis ao Senhor.

Ele me disse certa vez: "Eu gastei toda a minha vida tentando simplificar ao máximo a linguagem, a ponto de reduzi-la ao menor número de sílabas possível. O tempo todo preguei a pessoas iletradas, por isso precisei ser o mais simples possível. Contudo, há duas palavras que eu jamais consegui reduzir à simplicidade. Uma é 'reconciliação', e a outra é 'imutabilidade'". Depois que Willie Burton partiu para o Senhor, eu refleti muito no seu ministério e obra e de repente entendi que ele tinha visto algo a respeito da imutabilidade do conselho de Deus que havia se tornado o trampolim da sua vida e obra. Era simplesmente que Deus não pode mentir e a Sua Palavra é imutável. Willie Burton viveu baseado na fidelidade de

Deus a Seu Conselho e Palavra e provou isso na prática.

Na oração corporativa as afirmações, as declarações, as revelações da vontade de Deus e das Suas promessas são imutáveis. Baseados nesse fato eterno, podemos firmar-nos em oração e em batalha espiritual. Como resultado da imutabilidade do Seu conselho, o Espírito Santo nos proverá de muitas armas.

A VONTADE REVELADA DE DEUS

Pela Palavra de Deus o Senhor nos revela a Sua vontade e propósito; por exemplo, descobrimos a Sua vontade para a Igreja, a Sua vontade para Israel e para o povo judeu, a Sua vontade para as nações e a Sua vontade para a obra do evangelho. Também descobrimos a Sua vontade para todo ser humano a quem Ele salva.

Babilônia e Jerusalém

De fato, descobrimos que o eterno propósito de Deus é um tema que começa em Gênesis e se desenvolve através dos 66 livros da Bíblia. Ele termina no livro de Apocalipse, com a Nova Jerusalém descendo do céu, com a glória de Deus. Na verdade, podemos dizer que a Bíblia é "uma história de duas cidades". Essencialmente, no que diz respeito a Deus, há somente duas cidades: uma é chamada Babel – no grego é Babilônia – e a outra é

Jerusalém. A primeira cidade, Babel, ou Babilônia, representa o homem decaído – seu orgulho, sua energia, sua esperteza. A outra cidade, Jerusalém, representa a Sua salvação, a Sua redenção; em suma, ela representa o próprio Deus. Todo ser humano encontra-se em uma ou em outra dessas cidades. Benditos são aqueles que nascem na primeira e, por meio do novo nascimento, são novamente inscritos na segunda (veja o salmo 87).

Babel, ou Babilônia, é apresentada pela primeira vez em Gênesis 11 e desenvolve-se através da Palavra de Deus; ela acaba em Apocalipse, quando é finalmente destruída. Em Gênesis 12 Deus aparece a Abraão, um habitante de Ur, no complexo de cidades de Babel, e lhe ordena que saia e vá para outra terra, que Ele haverá de lhe dar. O escritor da Carta aos Hebreus descreve o que aconteceu a Abraão nas seguintes palavras: "Pela fé, Abraão, quando chamado, obedeceu, a fim de ir para um lugar que devia receber por herança; e partiu sem saber aonde ia. Pela fé, peregrinou na terra da promessa como em terra alheia, habitando em tendas com Isaque e Jacó, herdeiros com ele da mesma promessa; porque aguardava a cidade que tem fundamentos, da qual Deus é o arquiteto e edificador" (Hb 11.8-10). Essa cidade era a Jerusalém lá de cima. Todavia, daquele ponto em diante, a Jerusalém terrena representa Deus – Seu propósito, Seu trono, Seu reino, Sua Palavra e Sua salvação. A Jerusalém terrena jamais desaparecerá nem cairá até que seja eclipsada pela Jerusalém celestial!

Em tudo isso existe uma grande quantidade de verdade imutável. Ela deve ser com certeza a melhor base para muita oração corporativa, pois orar com base na vontade revelada de Deus torna certa a Sua resposta. O apóstolo João escreve: "E esta é a confiança que temos para com ele: que, se pedirmos alguma coisa segundo a sua vontade, ele nos ouve. E, se sabemos que ele nos ouve quanto ao que lhe pedimos, estamos certos de que obtemos os pedidos que lhe temos feito" (1 Jo 5.14-15).

Há ocasiões em que podemos usar a vontade revelada de Deus na guerra em que estamos envolvidos. Não importa quão violento seja o conflito ao nosso redor, podemos firmar-nos na vontade de Deus em qualquer situação em que estivermos. Deus falou por meio de Isaías, o profeta, e declarou: "Lembrai-vos das coisas passadas da antiguidade: que eu sou Deus, e não há outro, eu sou Deus, e não há outro semelhante a mim; que desde o princípio anuncio o que há de acontecer e desde a antiguidade, as coisas que ainda não sucederam; que digo: o meu conselho permanecerá de pé, farei toda a minha vontade" (Is 46.9-10). Repare bem, *desde o princípio anuncio o que há de acontecer e desde a antiguidade, as coisas que ainda não sucederam*. Nesta declaração descobrimos as armas da nossa guerra e a espada do Espírito! Daniel é um exemplo clássico que ilustra essa verdade.

Jerusalém tinha sido destruída, as cidades de Israel estavam em ruínas e a grande maioria do povo tinha sido exilada. No meio daquela situação tenebrosa, aparentemente sem esperança nenhuma, Daniel descobriu pelo Espírito de Deus que haviam sido decretados setenta anos para a duração do cativeiro de Jerusalém. Nesse tempo, ele ocupava uma posição alta e importante no governo do império persa. Ao calcular esses anos, ele de repente percebeu que restavam ainda apenas uns poucos anos! Somente o Espírito Santo poderia ter revelado a Daniel que o cativeiro de Jerusalém não tinha começado com o cerco de Nabucodonosor, mas vinte anos antes, com o reinado de um dos últimos reis de Judá (veja Daniel 9.1-3). Na verdade, o exílio durou cinquenta anos, e o cativeiro de Jerusalém durou setenta anos.

De posse desse entendimento da vontade de Deus para o Seu povo, Daniel passou a interceder com oração fervorosa e ardente e com jejum. Ele baseou-se na declaração profética do rei Salomão, quando este dedicou o templo (veja 2 Crônicas 6.36-39). Ele abriu a janela do seu quarto e orou prostrado em direção a Jerusalém. Talvez alguém pense que, uma vez que tinha descoberto isso, ele poderia ter descansado e agradecido ao Senhor, pois as coisas iam acontecer daquela forma de qualquer jeito. Em vez disso, com profundo sentimento, ele confessou o seu próprio pecado e o do seu povo. Essa oração foi tão preciosa e valiosa aos olhos do Senhor, que Satanás providenciou que Daniel fosse jogado na cova dos leões, mas o Senhor concedeu fé a Daniel e fechou a boca dos leões. Na realidade, o que aconteceu é que os inimigos do propósito de Deus foram devorados pelos leões, e Daniel viveu para administrar e cuidar do retorno do povo de Deus a Jerusalém. O Senhor, na verdade, elevou Daniel à mais alta posição do império, abaixo apenas do rei, com esse exato propósito! Isso nos ensina como fazer uso da vontade de Deus na intercessão e na oração.

AS PROMESSAS DE DEUS

Na oração corporativa precisamos aprender como nos firmarmos nas promessas de Deus. O apóstolo Paulo escreve: "Porque quantas são as promessas de Deus, tantas têm nele o sim; porquanto também por ele é o amém para glória de Deus, por nosso intermédio" (2 Co 1.20). Nessas promessas de Deus encontramos todos esses fatos eternos, e as promessas as declaram em linguagem simples, direta e clara. O Espírito Santo pode dirigir-nos a elas e capacitar-nos a firmar os pés nelas a fim de que se cumpram. A maioria de nós que está andando com o Senhor já deve ter experimentado que o Espírito Santo de repente ilumina uma dessas promessas no meio de uma confusão. Quando nos firmamos nessa promessa, ela nos abre a porta para a vitória.

Na Carta aos Hebreus há um belo comentário sobre as promessas de Deus: "... pois quem fez a promessa é fiel" (Hb 10.23b). A fidelidade do Senhor Jesus está por trás de todas as promessas. O apóstolo Pedro escreve:

"... pelas quais nos têm sido doadas as suas preciosas e mui grandes promessas, para que por elas vos torneis co-participantes da natureza divina" (2 Pe 1.4). Toda vez que você recebe uma promessa, e se firma nela e a vê sendo cumprida, recebe alguma coisa a mais do Senhor em seu interior.

TIA ELLA E A MÁQUINA DE COSTURA

Eu não aprendi essa lição de algum grande pregador, mas de uma irmã idosa, que eu conhecia pelo nome de tia Ella. A maioria das pessoas da igreja achava que ela era meio doida. Ela tinha sido cantora de ópera e costumava dar aulas de canto à minha irmã. Eu passava na casa dela e pegava minha irmã para voltar para casa comigo. Na época eu tinha apenas treze anos e fora salvo havia não mais do que um ano. Quando cheguei à casa de tia Ella, bati na porta, e ela me disse que minha irmã já havia saído; então me perguntou: "Por que você não entra e toma uma xícara de chá?".

Quando entrei, ela disse: "Desculpe-me da bagunça; eu não tenho muita prática, mas estou tentando costurar estas cortinas". Ela estava usando sua máquina de costura. Então começamos a falar sobre o Senhor, algo que ela gostava muito de fazer. Nessa altura alguma coisa deu errado com a máquina de costura. Ela tentou, mas alguma coisa estava presa. Ela tentou de tudo, mas nada funcionou. Então me perguntou se eu entendia alguma coisa de máquinas de costura. Eu disse que não entendia absolutamente nada! Contudo, ela insistiu: "Tente fazer qualquer coisa"; eu tentei, mas sem sucesso. Em minha opinião, ela estava totalmente travada.

Aí ela disse algo que eu nunca mais esqueci: "Nós precisamos orar ao nosso Pai celeste". Com isso, ajoelhou-se na frente da máquina de costura e, apontando para o chão, me disse: "Ajoelhe". Eu nunca vou me esquecer da oração dela! Ela levantou a mão e disse: "Ó Pai celeste, o Lance e eu tivemos um maravilhoso tempo de comunhão a respeito do Teu amado Filho. Como Tu sabes, eu não sou uma mulher muito prendada. Alguma coisa deu errado com minha máquina de costura, e eu tentei consertá-la. Mas eu sou velha e não entendo nada de máquinas de costura. E o Lance, esse menino querido, tentou consertá-la, mas ele também não entende nada disso! Pai celeste, Tu disseste na Tua Palavra em 2 Coríntios 1.20: 'Porque quantas são as promessas de Deus, tantas têm nele o sim; porquanto também por ele é o amém para glória de Deus, por nosso intermédio'. Nós Te apresentamos uma promessa de Hebreus 1.14, que os anjos são 'espíritos ministradores, enviados para serviço a favor dos que hão de herdar a salvação'. Pai celeste, por favor, envia um anjo para consertar esta máquina de costura". Com isso, ela levantou a cabeça. Eu estava com os olhos arregalados e toquei no braço dela e disse: "Tia, tente ver se funciona". "Silêncio!", ela disse, "dê um tempo ao anjo!" Ela se ajoelhou ali com a cabeça baixa por um minuto ou dois; então de repente se levantou, sentou-se na cadeira e começou a usar a máquina. Ela disse: "Ó, Pai celeste, Tu nunca falhas; muito obrigada".

Ora, eu tinha apenas treze anos, e muita gente dirá que isso tudo foi coincidência. Contudo, para mim, essa experiência me ensinou uma das maiores lições da minha vida. Eu tinha ouvido todo tipo de gente, pessoas famosas, grandes ministros no púlpito. Eles nunca significaram para mim mais do que pessoas que ministravam mensagens maravilhosas. Na verdade eu nunca esperei que, daquilo que eles diziam, dois terços fossem coisas que funcionassem e acho que os outros que ouviam também não esperavam mais do que isso. Eu estava deslumbrado com o que tinha acontecido. Uma irmã idosa, considerada meio doida por muitos, tomou uma promessa de Deus, firmou-se nela e viu o seu cumprimento! Isso mudou a minha vida, porque mudou a minha atitude para com a Palavra de Deus e para com as Suas promessas. Se Ele pôde fazer isso por tia Ella, com toda certeza podia fazer isso também por mim!

Eu sempre dizia à tia Ella que tinha aprendido com ela uma verdade simples, mas extremamente importante: que você pode agarrar uma promessa da Palavra de Deus com base naquilo que Ele mesmo disse e colocá-la à prova.

Na oração corporativa precisamos estar ativos e atentos ao Espírito Santo para que Ele, a qualquer momento, possa dirigir-nos a alguma promessa. Essas promessas, dadas primeiramente a um indivíduo apenas, podem então ser tomadas corporativamente, para basear as orações nelas. Isso sempre conduzirá ao cumprimento da promessa e à vitória.

UMA BATALHA SOBRE A PERMISSÃO DE ENTRAR EM UM PAÍS FECHADO AO EVANGELHO

Em uma determinada reunião de oração estávamos lidando com um assunto muito complicado. O problema e a situação não se resolviam. Por mais que orássemos a esse respeito, nada conseguíamos. Era um obstáculo para a obra do Senhor. A dificuldade estava na concessão de vistos para entrar em um país fechado ao evangelho. Ninguém que fosse obreiro cristão recebia visto; eram todos recusados. Atacamos o problema de vários ângulos, mas nada aconteceu.

Então o Senhor deu a um dos irmãos mais jovens uma promessa: "O SENHOR guardará a tua saída e a tua entrada, desde agora e para sempre" (Sl 121.8). Essa promessa foi confirmada a dois outros crentes, sem que um soubesse o que estava acontecendo com o outro. O Senhor também deu uma promessa a outra pessoa naquela reunião de oração: "Estas coisas diz o santo, o verdadeiro, aquele que tem a chave de Davi, que abre, e ninguém fechará, e que fecha, e ninguém abrirá" (Ap 3.7). Firmamo-nos todos sobre essas duas promessas. Foi impressionante ver o resultado disso. Não só irmãos e irmãs, individualmente, receberam o visto de entrada, como também famílias inteiras conseguiram entrar naquele país.

O ESPÍRITO ENSINA COMO USAR A PALAVRA

O mais importante na oração corporativa é experimentar a orientação prática do Espírito Santo. Como usaremos a espada do Espírito e as armas da nossa guerra? Não é suficiente conhecermos a Palavra de Deus, ou mesmo decorá-la, por mais importante que isso seja. É somente pelo Espírito que podemos usar com eficiência a verdade revelada na Sua Palavra. A questão essencial e estratégica é conhecer a Sua orientação. Ele precisa revelar-nos a vontade de Deus, como ela se relaciona a qualquer situação em qualquer nível. Ele precisa conduzir-nos ao aspecto particular da verdade, o qual se tornará a espada do Espírito e as armas que haveremos de usar, ou às promessas de Deus que têm relevância específica para o problema que estamos enfrentando.

O PASTOR FJORD CHRISTENSEN E A IRMÃ QUE SOFRIA DE ARTRITE

Aqui está uma ilustração da maneira como o Espírito Santo pode trazer uma declaração da Palavra de Deus para esclarecer uma situação que enfrentamos na oração corporativa. Um querido irmão dinamarquês, um jovem, conviveu com um grande servo do Senhor, também dinamarquês, o pastor Fjord Christensen. Eles foram chamados para uma localidade do interior do país para orar por uma senhora que estava acamada com artrite. Ela era crente, bem como o seu marido. Quando estavam orando, o jovem que acompanhava o pastor começou a orar com grande zelo e fervor, mas não conseguiu estender muito a sua oração. O pastor disse apenas "amém" em certas ocasiões, mas continuou quieto.

O jovem irmão percebeu que ele estava lendo a Bíblia. De repente, Fjord Christensen parou a oração e perguntou à doente: "Irmã, você é mal-humorada? É irritadiça?". Ela ficou chocada e respondeu: "Ah, não, não, é claro que não". "Ah", disse Fjord Christensen, e continuou a orar. Um pouco depois, ele interrompeu a oração outra vez e perguntou: "Desculpe perguntar de novo, mas você está certa de que não costuma se irritar com facilidade?". "Ah, não, nunca! Eu nunca fico irritada". Assim, continuaram a orar. De repente, Fjord Christensen disse: "Você está absolutamente certa de que não é mal-humorada?". Ela estava quase dizendo que não, quando o marido dela, com lágrimas nos olhos, disse: "Mas você é! Esse é o seu maior defeito". "Ah", disse Fjord Christensen, "eu pensei que fosse". A irmã desatou a chorar e confessou ao Senhor quão mal-humorada era com seu marido e com tudo mais.

Quando tudo havia sido confessado, e ela verdadeiramente se arrependera, Fjord Christensen disse: "Agora nós podemos pedir ao Senhor que cure você". E leu para ela o seguinte versículo, em Provérbios 14.30: "O ânimo sereno é a vida do corpo, mas a inveja é a podridão dos ossos". A tradução dinamarquesa diz: "Mas o mau-humor é a podridão dos ossos". Enquanto estavam orando, esse versículo veio à mente de Fjord Christensen, e essa foi a razão por que ele interrompeu a oração e questionou a irmã por três vezes. Quando impuseram as mãos sobre aquela irmã, ela se levantou da cama e foi com eles até o lado de fora da casa para despedir-se deles. Depois disso, ela nunca mais sofreu de artrite e viveu uma vida normal até morrer.

Isso ilustra o que se quer dizer com espada do Espírito, que é a Palavra de Deus, ou as armas de nossa guerra são poderosas em Deus. Eles poderiam ter girado em círculos, orando pela cura dela e nunca chegar à raiz do problema. É claro que não estou dizendo que todo caso de artrite seja devido à irritabilidade ou ao mau-humor. A lição que precisamos aprender é que o Espírito Santo pode tomar a Palavra de Deus e aplicá-la a situações específicas. As batalhas são ganhas ou perdidas à medida que respondemos à direção do Espírito Santo.

QUESTÕES PRÁTICAS

Primeira: Leve sempre sua Bíblia à reunião de oração. É inacreditável como as pessoas vão a uma reunião de oração corporativa sem a Bíblia. É como ir à batalha sem uma arma ou qualquer outro equipamento apropriado e necessário. Não fique nunca sem a sua Bíblia.

Segunda: Use a Palavra de Deus na reunião de oração em conformidade com a liderança e direção do Espírito Santo. A única maneira de aprendermos a usar a Palavra é por meio da experiência.

Terceira: Esteja alerta e sensível ao Espírito; *vigie* e ore. Siga as instruções d'Ele o tempo todo. Não cochile nem se perca em seus próprios pensamentos, mas fique alerta. Às vezes vemos um irmão ou uma irmã com olhar distante, vago, porque estão perdidos em seus próprios pensamentos. Esse tipo de condição provoca orações que não têm ligação nenhuma com as outras; elas não dizem respeito a nada do que está acontecendo ou que ainda vai acontecer na reunião. Cochilaram e de repente acordaram e começaram a orar!

Quarta: Evite sermõezinhos, paráfrases bíblicas, esboços bíblicos ou pregações para Deus. Isso não é usar a espada do Espírito. Alguns cristãos têm a ideia de que se fizerem um esboço bíblico, Satanás ficará amedrontado. Ele não se assusta com isso. Ele já conhece esses esboços que estão na Bíblia há mais de três mil anos. Ele conhece a Bíblia muito bem. Pode-se dizer até que ele é um entusiasmado estudante da Bíblia! Ele somente se amedronta quando o Espírito Santo nos ajuda a empunhar a Palavra de Deus e a usá-la poderosamente com referência ao assunto em pauta.

Quinta: Quando o Senhor lhe der um versículo ou uma passagem da Sua Palavra durante uma reunião de oração corporativa, e você for compartilhá-la com os outros, leia em voz alta e clara. Não pense que, logo depois de repartir o texto, você necessariamente precise orar. Muitas vezes, é bom deixar que primeiramente os outros julguem a situação. Leia sempre o versículo ou os versículos que dizem respeito ao assunto, mas não leia o capítulo todo! Às vezes há crentes que recebem um versículo específico, mas quando leem o capítulo todo, perde-se a direção do Espírito Santo.

Sexta: Uma vez que descobrimos a arma, precisamos usá-la! Às vezes não demora muito para que se resolva o assunto; outras vezes pode levar muito mais tempo. O governo do Espírito decidirá por quanto tempo deveremos usar aquela arma antes que vejamos o seu cumprimento. Lembre-se disto: "... não vos torneis indolentes, mas imitadores daqueles que por fé e por *paciência* herdam as promessas" (Hb 6.12 – Tradução Brasileira – ênfase acrescentada).

Sétima: Quando usamos alguma arma que o Espírito Santo nos deu, precisamos sempre firmar-nos na obra consumada do Senhor Jesus. Nós não temos outra base ou fundamento sobre o qual podemos nos firmar e agir. Essa é a verdade de Deus que nos é dada como a espada do Espírito e como as armas da nossa guerra. Contudo, sempre que usamos essas armas precisamos de cobertura. Esse é o sentido de vestir toda a armadura de Deus. O próprio Messias é essa armadura.

Última: Deve-se insistir em uma verdade ou promessa dada pelo Espírito, não somente a pessoa que a recebe, mas todos devem fazê-lo. A oração corporativa é uma expressão do corpo de Cristo; ninguém recebe algo que seja unicamente pessoal. Se Deus dá uma promessa a alguém, ela deve ser usada por todos.

CONHEÇA OS ASSUNTOS DOS VOLUMES DESTA OBRA

Volume 1
 1- Características da oração corporativa
 2- Um princípio fundamental na oração corporativa
 3- Maus hábitos que destroem a oração corporativa
 4- A direção do Espírito

Volume 2
 5- Vigiar e orar
 6- A manifestação do Espírito
 7- O lugar da Palavra na oração corporativa

Volume 3
 8- Realizar a vontade de Deus na oração
 9- Impedimentos à oração
 10- O ministério da intercessão

Volume 4
 11- O chamado à intercessão
 12- O desafio e o custo da intercessão corporativa
 Epílogo